Exemplaire de Ch. Nodier
(Vente de 1830. N° 624).
E. T.

M

L'abbé Barrin.

Vénus dans le Cloître
ou la religieuse en chemise.
Entretiens curieux. Adressez à
Madame l'Abbesse de Beau-Lieu
par l'Abbé du Prat.
Cologne. Jacques Durand
Amsterdam
1683
pet. in. 12. front. gravé. mar.
Citron à grains longs, dos orné,
fil. dor. rent. et milieu à froid.
5 nll. et gardes de moire verte avec
rest. 4. dm. [Ginain]
E. org. 2 m.
Ex Nodier, le seul cité par Brunet

Exemplaire de Ch. Nodier
(Vente de 1830. N° 624).

VENUS
Dans le Clôitre
ou
LA RELIGIEUSE
EN CHEMISE

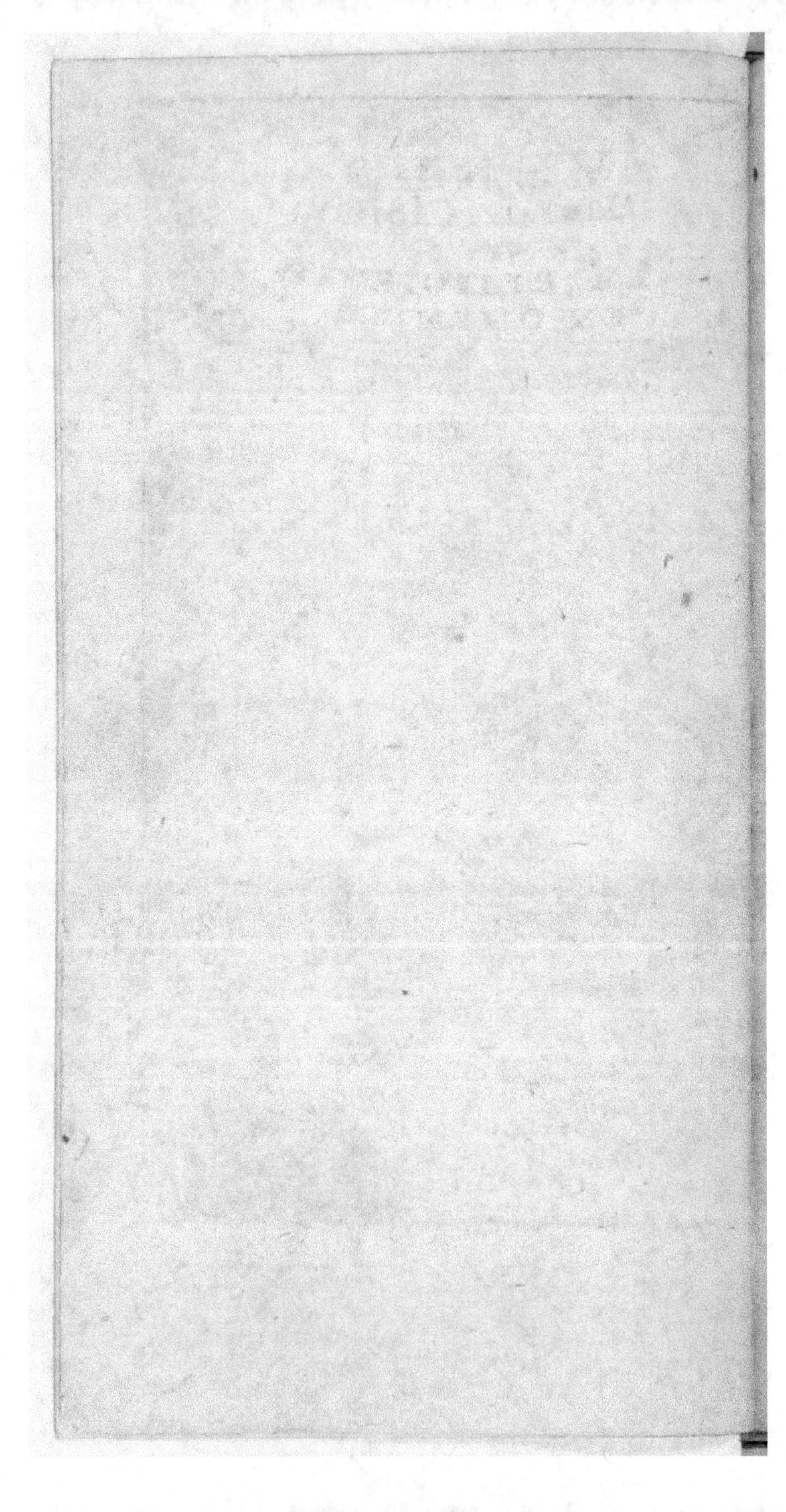

VENUS

DANS LE CLOITRE

OU LA

RELIGIEUSE

EN CHEMISE.

ENTRETIENS CURIEUX.

Adreſſez à Madame l'Abbeſſe de Beau-lieu,
par l'Abbé du Prat.

A COLOGNE,

Chez JACQUES DURAND.

M. DC. LXXXIII.

A MADAME
D. L. R.
TRES-DIGNE ABBESSE
DE BEAU-LIEU.

 *ADAME,*

Comme il me seroit difficile de ne pas executer ce que vous me témoignez desirer, je n'ay aucunement deliberé sur la priere que vous m'avez faite, de

A iij *reduire*

reduire au plûtôt par écrit, les doux entretiens où vôtre Communauté a eu ſi bonne part. Ie m'engageay trop ſolemnellement à cette galante entrepriſe, pour vouloir m'en defendre à preſent, & pour m'excuſer de ce travail, ſur la difficulté qu'il y a, de rendre à la voix & aux actions, le beau feu dont elles ont été animées. Ie ne ſçay ſi j'auray bien rempli mes devoirs & vos eſperances ; l'exercice de deux ou trois matinées vous en découvrira la verité ; & vous fera connoitre que ſi je n'ay pas beaucoup d'éloquence, j'ay pour le moins aſſez de memoire, pour

rap-

rapporter avec fidelité la plus grande partie des choses pas-sées. Ie me suis tellement pro-posé vôtre satisfaction dans cet Ouvrage, que j'ay passé indif-feremment sur toutes les raisons qui sembloient devoir m'en éloi-gner ; la crainte seule qu'il ne tombât en d'autres mains que les vôtres, m'a fait un peu dif-ferer à vous l'envoyer, & j'en serois moy-méme le porteur, si mes affaires presentes me le permettoient, plûtôt que de confier au hazard de la Poste, ou d'un Messager un paquet de cette consequence. Car de bon-ne foy, quelle confusion pour

 vous

vous & pour moy, si des conferences si secrettes alloient devenir publiques ? & si des actions qui ne sont point blâmées, que parce qu'elles ne sont pas connuës, alloient faire un nouveau sujet de Critique, & fournir des armes à tous ceux qui voudroient nous attaquer ? Quelle posture & quelle contenance pourroit tenir nôtre belle Religieuse, si le malheur l'exposoit en chemise à la veuë de tous les curieux ? que d'opprobre, que de honte, que d'embarras ! Toutes ces considerations sont fortes, mais vous avez voulu être obeïe, & vous

avez

avez traité de reflexions legeres & timides, de raisons soli-
des & assurées.

Quoy qu'il arrive, je m'en
lave les mains, & pour quitter
un peu le serieux, je vous diray qu'il n'y a rien à apprehender pour Sœur Agnés, quand
même le mauvais destin se mê-
leroit de la conduite de tout ce.
&, puis que la peinture que
j'en fais dans mes Ecrits, ne
l'a representé que dans une tres-
exacte observance de tous ces
vœux. Car en effet pour commencer par la Pauvreté; peut-
on être dans un plus grand dé-
tachement des biens de ce mon-

de, que de s'en dépoüiller vo-
lontairement jusques à la Chemise ? peut-on dans ses paroles & dans ses actions faire pa-
roitre la beauté de la Chasteté
avec plus d'éclat, qu'en se pro-
posant pour regle la Nature
toute pure ? Enfin si l'on
veut faire preuve de son obeïs-
sance sans exception, l'on con-
noîtra qu'elle aura autant de
docilité, que pas une de vos
Novices.

Voilà, MADAME, une
longue lettre pour un petit Ouvrage, & une grande Porte
pour une pauvre Maison, il
n'importe, j'ay mieux aimé
pecher

pecher contre quelques regles,
que de me gefner en vous écri-
vant. Faites part à vos plus
intimes & aux miennes, de ce
ce que vous jugerez à propos
qu'elles fçachent, & croyez
que je fuis fans referve,

MADAME,

Vôtre tres-obeïffant & tres-
affectionné ferviteur,
l'Abbé DU PRAT.

VENUS
DANS LE CLOÎTRE,
OU LA
RELIGIEUSE
EN CHEMISE.

PREMIER ENTRETIEN.

Sœur *Agnés.* Sœur *Angeliquê.*

Agnés. AH Dieu ! Sœur Angelique n'entrez pas dans ma Chambre, je ne suis pas visible à present ; faut-il ainsi surprendre les personnes dans l'état où je suis ? Je croyois avoir bien fermé la porte.

Angelique. Eh bien, tout doucement, qu'as-tu à t'allarmer ? le grand mal de t'avoir trouvée en changeant de chemise, ou faisant autre chose de

mieux ;

mieux ; les bonnes amies ne se doivent aucunement cacher les unes aux autres. Assis-toy sur ta couche comme tu étois, je vais fermer la porte sur nous.

Agnés. Je vous assure, ma Sœur, que je mourois de confusion si une autre que vous m'avoit ainsi surprise ; mais je suis certaine que vous avez beaucoup d'affection pour moy, c'est pourquoy je n'ay pas sujet de rien craindre de vous, quelque chose que vous eussiez pû voir.

Angelique. Tu as raison mon enfant de parler de la sorte, & quand je n'aurois pas pour toy, toute la tendresse qu'un cœur peut ressentir, tu devrois toûjours avoir l'esprit en repos de ce côté-là. Il y a sept ans que je suis Religieuse, & je suis entrée dans le Cloitre à treize, & je puis dire, que je ne me suis point encore faite d'ennemies par ma mauvaise conduite ; ayant toûjours eu la médisance en horreur, & ne faisant rien plus au gre de mon cœur, que lors que

je

je rens fervice à quelques-unes de la Communauté. C'eſt cette maniere d'agir qui m'a procuré l'affection de la plûpart, & qui m'a fur tout aſſuré celle de nôtre Superieure, qui ne m'eſt pas d'un petit uſage dans l'occaſion.

Agnés. Je le ſçay, & je me ſuis ſouvent étonnée comment vous aviez pû faire pour vous ménager celles-mêmes qui ſont d'un parti different : il faut ſans doute avoir autant d'adreſſe & d'eſprit que vous, pour engager de telles perſonnes. Pour moy je n'ay jamais pû me geſner dans mes affections, ni travailler à avoir pour amies celles qui naturellement m'é-toient indifferentes ; c'eſt là le foible de mon genie, qui eſt ennemi de la contrainte, & qui veut en tout agir li-brement.

Angelique. Il eſt vray qu'il eſt bien doux de ſe laiſſer conduire à cette na-ture pure & innocente, en ſuivant uniquement les inclinations qu'elle nous donne ; mais l'honneur, & l'am-bition qui ſont venus troubler le re-

pos

pos des Cloîtres, obligent celles qui y sont entrées à se partager, & à faire souvent par prudence ce qu'elles ne peuvent faire par inclination.

Agnés. C'est à dire qu'une infinité qui croyent être Maîtresses de vôtre cœur, n'en possedent seulement que la peinture, & que toutes vos protestations les asseurent souvent d'un bien dont elles ne jouïssent pas en effet. Je craindrois fort, je vous l'avouë, d'être de ce nombre, & d'être une victime de vôtre politique.

Angelique. Ah, ma chere, tu me fais une injure, la dissimulation n'a point de part à des amitiez aussi fortes que la nôtre ; Je suis toute à toy, & quand la nature m'auroit fait naître d'un même sang, elle ne m'auroit pû donner des sentimens plus tendres que ceux que je ressens. Permets que je t'embrasse afin que nos cœurs se parlent l'un à l'autre, au milieu de nos baisers.

Agnés, Ah Dieu, comme tu me serre entre tes bras ! Songes-tu que je suis nuë en chemise ? Ah tu me mets toute en feu.

Angelique. Ah que ce vermeil dont tu és à present animée, augmente l'eclat de ta beauté ! Ah que ce feu qui brille maintenant dans tes yeux te rend aimable ! faut-il qu'une fille aussi accomplie que toy soit si retirée comme tu es ? Non, non, mon enfant, je te veux faire part de mes plus secrettes habitudes, & te donner une idée parfaite de la conduite d'une sage Religieuse. Je ne parle pas de cette sagesse austere & scrupuleuse, qui ne se nourit que de jeûnes, & ne se couvre que de haires & de cilices ; il en est une autre moins farouche, que toutes les personnes éclairées font profession de suivre, & qui n'a pas peu de rapport avec ton naturel amoureux.

Agnés. Moy d'un naturel amoureux ! il faut certes que ma phisionomie soit bien trompeuse, ou que vous n'en sçachiez pas parfaitement les regles. Il n'y a rien qui me touche moins que cette passion, & depuis

trois

trois ans que je suis en Religion, elle ne m'a pas donné la moindre inquietude.

Angelique. J'en doute fort, & je croy que si tu voulois en parler avec plus de sincerité, tu m'avoüerois que je n'ay rien dit que de veritable. Quoy une fille de seize ans d'un esprit aussi vif & d'un corps aussi bien formé que le tien, seroit froide & insensible? Non je ne puis me le persuader, toutes tes démarches les plus negligées m'ont assuré du contraire, & ce *je ne sçay quoy* que j'ay apperçû au travers de la serrure de ta porte, avant que d'entrer, me fait connoître que tu es une dissimulée.

Agnés. Ah Dieu je suis perduë!

Angelique. Certes tu n'es pas raisonnable, dis-moy un peu ce que tu peux apprehender de moy, & si tu as sujet de craindre d'une amie. Je ne t'ay dit cela que dans le dessein de te faire bien d'autres confidences de mon côté : vrayement ce sont-là de belles bagatelles, les plus scrupuleu-
ses

ses les mettent en usage, & cela s'appelle en termes Clauftraux *l'Amufe-*
ment des jeunes, & le paffe-temps des
vieilles.

Agnés. Mais encore qu'avez-vous
donc apperçû ?

Angelique. Tu me fatigues par tés
manieres, fçais-tu bien que l'amour
bannit toute crainte, & que fi nous
voulons vivre toutes deux, dans une
intelligence auffi parfaite que je le de-
fire, tu ne me dois rien celer, & je ne
dois rien avoir de caché pour toy, bai-
fe-moy mon cœur ? dans l'état où tu
és une difcipline feroit de bon ufage
pour te châtier du peu de retour que
tu as pour l'amitié qu'on te marque.
Ah Dieu que tu as d'enbonpoint !
& que tu es d'une taille bien propor-
tionnée ! Souffre que. . . .

Agnés. Ah de grace laiffez-moy
en repos, je ne puis revenir de ma
furprife, car de bonne foy qu'avez-
vous vû ?

Angelique. Ne le fçais-tu pas bien
fotte, ce que je puis avoir vû ? Je t'ay

vûë

vûë dans une action où je te serviray
moy-même si tu veux, ou ma main te
fera à present l'office que la tienne
rendoit tantôt charitablement à une
autre partie de ton corps? Voila le
grand crime que j'ay découvert, que
Madame l'Abbesse D. L. R. pratique
comme elle dit, dans ces divertissemens les plus innocens, que la Prieure ne rejette point, & que la Maîtresse des Novices appelle *l'Intromission
extatique?* Tu n'aurois pas crû que de
si saintes Ames eussent été capables
de s'occuper à des exercices si profa-
nes? Leur mine & leur dehors t'ont
deçûë, & cet exterieur de sainteté
dont elles sçavent si bien se parer dans
l'occasion, t'a fait penser qu'elles vivoient dans leur corps comme si elles
n'étoient composées que du seul esprit.
Ah, mon enfant, que je t'instruiray
de quantité de choses que tu ignore, si
tu veux avoir un peu de confiance en
moy, & si tu me fais connoître la disposition d'esprit & de conscience où
tu es à present : aprés quoy je veux

que

que tu ſois mon Conſeſſeur, je ſeray
ta penitente, & je te proteſte que tu
verras mon cœur auſſi à découvert,
que ſi tu en reſſentois toy-même les
plus purs mouvemens.

Agnés. Aprés tant de paroles je
ne croy pas devoir douter de vôtre
ſincerité, c'eſt pourquoy non ſeulement je vous apprendray ce que vous
ſouhaitez ſçavoir de moy, mais même
je veux me faire un ſenſible plaiſir de
vous communiquer juſques à mes
plus ſecrettes penſées & actions. Ce
ſera une confeſſion generale dont je
ſçay que vous n'avez pas deſſein de
vous prévaloir, mais dont la confiden-
ce que je vous en feray ne ſervira qu'à
nous unir l'une & l'autre d'un lien
plus étroit & indiſſoluble.

Angelique. C'eſt ſans doute ma
plus chere, & tu remarqueras dans la
ſuite qu'il n'y a rien de plus doux dans
ce monde que d'avoir une veritable
amie, qui puiſſe être la dépoſitaire de
nos ſecrets, de nos penſées, & de nos
afflictions mêmes. Ah que des ouver-
tures

tures de cœur font foulageantes dans de femblables occafions ! parle donc, ma mignonne , je vais m'affoir fur ta couche prés de toy , il n'eft pas neceffaire que tu t'habille , la faifon te permet de refter comme tu és, il me femble que tu en és plus aimable , & que plus tu approche de l'état où la nature t'a fait naître, tu en as plus de charmes & de beauté. Embraffe-moy , ma chere Agnés , devant que de commencer , & confirme par tes baifers les proteftations mutuelles que nous nous fommes données de nous aimer éternellement. Ah que ces baifers font purs & innocens ! Ah qu'ils font remplis de tendreffe & de douceur ! Ah qu'ils me comblent de plaifirs ! un peu de tréve mon petit cœur, je fuis toute en feu, tu me mets aux abois par tes careffes ; ah Dieu que l'amour eft puiffant ! & que deviendray-je , fi de fimples baifers me tranfportent & m'animent fi vivement ?

Agnés. Ah qu'il eft difficile de fe contenir dans les bornes de fon devoir

voir, lors que nous lâchons tant soit peu la bride à cette paſſion ! le croiriez-vous Angelique, ces badineries qui dans le fonds ne ſont rien, ont agi merveilleuſement ſur moy ? Ah, ah, ah, laiſſez-moy un peu reſpirer, il ſemble que mon cœur eſt trop reſſerré à preſent ! Ah que ces ſoûpirs me ſoulagent ! Je commence à reſſentir pour vous une affection nouvelle, & plus tendre & plus forte qu'auparavant ! je ne ſçay d'où cela provient, car de ſimples baiſers peuvent-ils cauſer tant de deſordre dans une ame ? il eſt vray que vous étes bien artificieuſe dans vos careſſes, & que toutes vos manieres ſont extraordinairement engageantes; car vous m'avez tellement gagnée, que je ſuis maintenant plus à vous qu'à moy-même ; Je crains même que dans l'excés de la ſatisfaction que j'ay goûtée, il ne ſe ſoit mêlé quelque choſe, qui me donnât ſujet de refléchir ſur ma conſcience, cela me fâcheroit bien ; car quand il faut que je parle à mon Confeſſeur de ces ſortes

de

matieres je meurs de honte , & je ne sçay par où m'y prendre. Ah Dieu, que nous sommes foibles , & que nos efforts sont vains pour surmonter les moindres saillies & les plus legeres attaques d'une nature corrompuë.

Angelique. Voicy l'endroit où je t'attendois, je sçay que tu as toûjours été un peu scrupuleuse sur beaucoup de sujets, & qu'une certaine tendresse de conscience, ne t'a pas donné peu de peine. Voilà ce que c'est que de tomber entre les mains, d'un Directeur mal appris & ignorant : pour moy, je te diray que j'ay été instruite d'un sçavant homme, de quel air je devois me comporter pour vivre heureuse toute ma vie , sans rien faire neanmoins qui pût choquer la veuë d'une Communauté Reguliere, ou qui fut directement opposé aux Commandemens de Dieu.

Agnés. Obligez-moy, Sœur Angelique, de me donner une idée parfaite de cette belle conduite ; croyez que je suis entierement disposée à

vous

vous entendre , & à me laisser persuader par vos raisonnemens , lors que je
ne pourray les détruire par de plus
forts. La promesse que je vous avois
faite de me découvrir toute à vous,
n'en sera que mieux observée , parce
qu'insensiblement dans mes réponses
qui partageront nôtre entretien , vous
remarquerez sur quel pied l'on m'a
établie , & vous jugerez par l'aveu
sincere que je vous ferai de toute chose , du bon ou du mauvais chemin que
je suivray.

Angelique. Mon enfant , tu vas
peut-être être surprise des leçons que
je te vais donner , & tu seras étonnée
d'entendre une fille de dix-neuf à
vingt ans faire la sçavante,& de la voir
penetrer dans les plus cachez secrets
de la politique religieuse. Ne croy pas,
ma chere, qu'un esprit de vaine gloire
anime mes paroles, non, je sçay que
j'étois encore moins éclairée que toy
à ton âge, & que tout ce que j'ay appris a succedé à une ignorance extreme ; mais il faut que je t'avoüe aussi

B

qu'il

qu'il faudroit m'accufer de ftupidité, fi les foins que plufieurs grands hommes ont pris à me former, n'avoient été fuivis d'aucun fruit ; & fi l'intelligence qu'ils m'ont donnée de plufieurs langues , ne m'avoit fait faire quelque progrés , par la lecture des bons livres.

Agnés. Ma chere Angelique commencez je vous prie vos inftructions, je languis dans l'impatience où je fuis de vous entendre , vous n'avez jamais eu d'écoliere plus attentive que je le feray à tous vos difcours.

Angelique. Comme nous ne fommes pas nées d'un fexe à faire des loix, nous devons obeïr à celles que nous avons trouvées , & fuivre comme des veritez connuës , beaucoup de chofes qui d'elles - mêmes ne paffent chez plufieurs que pour opinions. Je prétens, mon enfant, te confirmer par là, dans les fentimens où tu es, qu'il y a un Dieu jufte & mifericordieux, qui demande nos hommages, & qui de la même bouche qu'il nous défend le mal,

mal, nous commande la pratique du bien. Mais comme tous ne conviennent pas de ce qui ſe doit appeller bien ou mal ; & qu'une infinité d'actions pour leſquelles on nous donne de l'horreur, ſont reçûës & approuvées chez nos voiſins : Je t'apprendrai en peu de paroles, ce qu'un Reverend Pere Jeſuite qui a une affection particuliere pour moy, me diſoit dans le temps qu'il tâchoit à m'ouvrir l'eſprit, & à le rendre capable des ſpeculations preſentes.

Comme tout vôtre bon-heur, ma chere Angelique (c'eſt ainſi qu'il me parloit) dépend d'une parfaite connoiſſance de l'état Religieux que vous avez embraſſé, je veux vous en faire une naïve peinture, & vous donner les moyens de vivre dans vôtre ſolitude, ſans aucune inquietude ou chagrin, qui proviennent de vôtre engagement. Pour proceder avec methode dans l'inſtruction que je vous veux donner, vous devez remarquer que la Religion (j'entens par ce mot tous

 les

les Ordres Monaſtiques) eſt compo-
ſée de deux corps , dont l'un eſt pure-
ment celeſte & ſurnaturel , & l'autre
terreſtre & corruptible , qui n'eſt que
de l'invention des hommes ; l'un eſt
politique , & l'autre miſtique par rapport à Jeſus Chriſt qui eſt l'unique
Chef de la veritable Egliſe. L'un eſt
permanent , parce qu'il conſiſte dans
la parole de Dieu qui eſt immuable &
éternelle , & l'autre eſt ſujet à une infinité de changemens , parce qu'il dépend de celle des hommes qui eſt finie
& faillible. Cela ſuppoſé , il faut ſe-
parer ces deux corps , & en faire un
juſte diſcernement , pour ſçavoir à
quoy nous ſommes veritablement
obligez. Ce n'eſt pas une petite difficulté de les bien démêler. La politique comme la plus foible partie,
s'eſt tellement unie à l'autre qui eſt la
plus forte , que tout eſt preſque à preſent confondu, & la voix des hommes
confuſe avec celle de Dieu. C'eſt de
ce deſordre que les illuſions, les ſcru-
pules, les geſnes, & ces bourellemens
de

conscience qui mettent souvent une
pauvre ame au desespoir, ont pris naiss-
sance , & que ce joug qui doit être
leger & facile à porter, est devenu par
l'imposition des hommes , pesant,
lourd , & insupportable à plusieurs.

Parmi de si épaisses tenebres, & une
si visible alteration de toutes choses,
il faut s'attacher uniquement au gros
de l'arbre , sans se mettre en peine
d'embrasser ses branches , & ses ra-
meaux. Il faut se contenter d'obeïr
aux preceptes du Souverain Legisla-
teur , & tenir pour certain que toutes
ces œuvres de surerogation, ausquelles la voix des hommes nous veut engager, ne doivent pas nous causer un
moment d'inquietude. Il faut en
obeïssant à ce Dieu qui nous commande, regarder si sa volonté est écri-
te de ses propres doigts , si elle sort de
la bouche de son Fils , ou si elle part
seulement de celle du peuple. Tellement que Sœur Angelique peut sans
scrupule, allonger ses chaînes, em-
bellir sa solitude, & donnant un air

                    gay

gay à toutes ſes actions, s'apprivoiſer avec le monde, elle peut, continua-t-il, ſe diſpenſer, autant que prudemment elle pourra faire, de l'execution de tout ce fatras de vœux & promeſſes, qu'elle a faite indiſcretement, entre les mains des hommes; & rentrer dans les mêmes droits où elle étoit devant ſon engagement, ne ſuivant que ces premieres obligations.

Voila, pourſuivit-il, pour ce qui regarde la paix interieure, car pour l'exterieur vous ne pouvez ſans pecher contre la prudence, vous diſpenſer de le donner aux loix, aux coûtumes, & aux mœurs, auſquels vous vous étes aſſujettie, en entrant dans le Cloitre. Vous devez même paroître zelée, & fervente dans les exercices les plus penibles, ſi quelque intereſt de gloire, ou d'honneur dépend de ces occupations, vous pouvez parer vôtre chambre de haires, de cilices, & de roſettes, & par ce devot étalage meriter autant que celle qui indiſcretement s'en déchirera le corps.

Agnés.

Agnés. Ah ! que je suis ravie de t'entendre, l'extreme plaisir que j'y ay pris m'a empêché de t'interrompre, & cette liberté de conscience que tu commence à me rendre par ton discours, me décharge d'un nombre presque infini de peines qui me tourmentoient. Mais continuë, je te prie, & m'apprend quelle a été le dessein de la Politique, dans l'établissement de tant d'Ordres, dont les Regles, & les Constitutions sont si rigoureuses?

Angelique. On peut considerer dans la fondation de tous les Monasteres, deux Ouvriers qui y ont travaillé, à sçavoir le Fondateur & la Politique. L'intention du premier, a souvent été pure, sainte, & éloignée de tous les desseins de l'autre. Et sans avoir d'autre vûë que le salut des ames, il a proposé des Regles & des manieres de vivre, qu'il a crû necessaires, ou tout au moins utiles à son avancement spirituel, & à celuy de son prochain. C'est par là que les deserts se sont peuplez, & que les Cloi-

B iiij

tres

tres se sont bâtis ; le zele d'un seul en échauffoit plusieurs, & leur principale occupation étant de chanter continuellement les loüanges du vray Dieu, ils attiroient par ces pieux exercices, des compagnies entieres, qui s'unissoient à eux, & ne faisoient qu'un corps. Je parle en cecy, de ce qui s'est passé dans la ferveur des premiers siecles ; car pour le reste il en faut raisonner autrement, & ne pas penser que cette innocence primitive, & ce beau caractere de devotion se soient long-temps conservez, & ayent fait le partage de ceux que nous voyons à present.

La Politique qui ne peut rien souffrir de défectueux dans un Etat, voyant l'accroissement de ces Reclus, leur desordre, & leur déreglement, a été obligée d'y mettre la main, elle en a banni plusieurs, & retranché des Constitutions des autres, ce qu'elle n'a pas crû necessaire à l'interest commun. Elle auroit bien voulu se défaire entierement de ces sansuës, qui dans une oisiveté, & une faineantise horrible,

ble, se nourrissoient du labeur du pauvre peuple ; mais ce bouclier de la
Religion dont ils se couvroient , &
l'esprit du vulgaire dont ils s'etoient
déja emparez , ont fait prendre un autre tour, pour que ces sortes de Compagnies ne fussent pas entierement
inutiles à la Republique.

La Politique a donc regardé toutes
ces maisons comme des lieux communs où elle se pourroit décharger de
ces superfluïtez ; elle s'en sert pour le
soulagement des familles , que le
grand nombre d'enfans rendroient
pauvres & indigentes, s'ils n'avoient
des endroits pour les retirer, & afin
que leur retraite soit sans esperance
de retour, elle a inventé les vœux, par
lesquels elle prétend nous lier,& nous
attacher indissolublement à l'état
quelle nous fait embrasser : elle nous
fait même renoncer aux droits que la
Nature nous a donné , & nous sepa-
rent tellement du monde , que nous
n'en faisons plus une partie. Tu conçois bien tout cecy ?

B v   *Agnés*

Agnés. Ouy, mais d'où vient que cette maudite Politique, qui de libres nous rend esclaves, approuve davantage les Regles qui n'ont rien que de rude & d'austere, que celles qui sont moins rigoureuses?

Angelique. En voicy la raison. Elle regarde les Religieux & Religieuses comme des membres retranchez de son corps, & comme des parties separées dont la vie ne ne luy semble en particulier utile à aucune chose, mais bien plûtôt dommageable au public. Et comme ce seroit une action qui paroitroit inhumaine que de s'en defaire ouvertement. Elle se sert de stratagemes, & sous pretexte de devotion, elle engage ces pauvres victimes à s'egorger elles-mêmes, & à se charger de tant de jeûnes, de penitences, & de mortifications, qu'enfin ces innocentes succombent, & font place par leur mort, à d'autres qui doivent être aussi miserables, si elles ne sont pas plus éclairées. De cette maniere, un pere est souvent le boureau de ses enfans,

fans, & fans y penſer il les ſacrifient à la Politique, lors qu'il croit ne les of-frir qu'à Dieu.

Agnés. Ah pitoyable effet d'un dé-teſtable gouvernement! Tu me don-ne, la vie, ma chere Angelique, en me retirant par tes raiſons du grand che-min que je ſuivois, peu de perſonnes mettoient plus en uſage que moy tou-tes les mortifications les plus rudes, je me ſuis accablée de coups de diſcipli-ne pour combatte ſouvent des mou-vemens innocens de la Nature, que mon Directeur faiſoit paſſer pour des déreglemens horribles. Ah, faut-il que j'aye ainſi été dans l'abus! C'eſt ſans doute par cette cruelle maxime que les ordres mitigez ſont mépriſez, & que ceux qui n'ont rien que d'af-freux, ſont loüiez & elevez juſques au Ciel. Oh Dieu, ſouffrez-vous qu'on abuſe ainſi de vôtre Nom, pour des executions ſi injuſtes? & permettez-vous que des hommes vous contre-faſſent!

Angelique. Ah, mon enfant, que

  çes

ces exclamations me font bien connoitre qu'il te manque encore quelque lumiere, pour voir clair univerfellement en toutes chofes, demeu-
rons-en là, ton efprit n'eft pas capable pour le prefent d'une fpeculation
plus delicate. *Aime Dieu, & ton
prochain,* & croy que toute la Loy eft
renfermée dans ces deux Commandemens.

Agnés. Quoy, Angelique, vou-
driez-vous me laiffer dans quelque
erreur?

Angelique. Non, mon cœur, tu
feras pleinement inftruite, & je te
mettray un Livre entre les mains, qui
achevera de te rendre fçavante, & où
tu apprendras avec facilité, ce que je
n'aurois pû t'expliquer qu'avec con-
fufion.

Agnés. Cela fuffit. Il faut que je
vous avouë que j'ai trouvé cet endroit
plaifant. *Que les Cloitres font les
lieux communs, où la Politique fe décharge de ces ordures* ! il me femble
qu'on ne peut pas en parler d'une

ma-

maniere plus basse & plus humi-
liante?

Angelique. Il est vray que l'ex-
pression est un peu forte ; mais elle
n'est gueres plus chocante que celle
d'un autre qui disoit que *les Moines
& les Moinesses étoient dans l'Eglise
ce que les Chats & les Souris étoient
dans l'Arche de Noé.*

Agnés. Vous avez raison, & j'ad-
mire la facilité que vous avez à vous
énoncer, je ne voudrois pas pour tout
ce que je puis avoir de plus cher, que
l'occasion de ma porte entr'ouverte
n'eût donné lieu à nôtre entretien?
Ouy j'ay penetré dans le sens de toutes vos paroles.

Angelique. Eh bien, en feras-tu
un bon usage ? & ce beau corps qui
n'est coupable d'aucun crime, sera-t-il
encore traité comme le plus infame
scelerat qui soit au monde ?

Agnés. Non, je prétens luy tenir
compte du mauvais temps que je luy
ay fait passer, je luy en demande par-
don, & en particulier d'une rude dis-
pline,

pline, que je luy fis hier ressentir par l'avis de mon Confesseur.

Angelique. Baise-moy, ma pauvre enfant, je suis plus touchée de ce que tu me dis, que si je l'avois éprouvee sur moy-même, il faut que ce châtiment soit le dernier qui te fatigue: mais encore te fis-tu grand mal?

Agnés. Helas! mon zele étoit indiscret, & je croyois que plus je frappois, plus j'avois de merite, mon enbonpoint, & ma jeunesse me rendoient sensible aux moindres coups; tellement qu'à la fin de ce bel exercice, j'avois le derriere tout en feu: je ne sçay même si je n'y avois point quelque blessure, parce que j'étois tout à fait transportée, lors que je l'outrageois si vivement.

Angelique. Il faut ma mignonne que j'en fasse la visite, & que je voye dequoy est capable une ferveur mal conduite?

Agnés. Oh Dieu! faut-il que je souffre cela? c'est donc tout de bon que vous parlez, je ne puis l'enl'endurer ſans confuſion ? Oh, oh !

Angelique. Et à quoy ſert donc tout ce que je t'ay dit, ſi une ſotte pudeur te retient encore ? quel mal y-a-t-il à m'accorder ce que je te demande ?

Agnés. Il eſt vray, j'ay tort, & vôtre curioſité n'eſt point blâmable, ſatisfaite la comme vous ſouhaitez.

Angelique. Oh ! le voilà donc à découvert ce beau viſage toûjours voilé ? mets-toy à genoux ſur ta couche, & baiſſe un peu la tête, afin que je remarque la violence de tes coups. Ah Bonté divine quelle bigarure ! il me ſemble que je vois du taffetas de la Chine, ou bien du rayé du temps paſſé ! il faut avoir une grande devotion au *Miſtere de la Flagellation* pour s'alluminer ainſi les feſſes ?

Agnés. Eh bien, as-tu aſſez contemplé cet innocent outragé ? Oh Dieu comme tu le manie, laiſſe-le en repos, afin qu'il reprenne ſon premier teint, & qu'il ſe defaſſe de ce coloris étranger. Quoy tu le baiſe ?

An-

Angelique. Ne t'y oppose pas, mon enfant, j'ay l'ame du monde la plus compaſſive, & comme c'eſt une œuvre de miſericorde de conſoler les affligez ; je croy que je ne ſçaurois leur faire trop de careſſe pour dignement m'aquitter de ce devoir. Ah que tu as cette partie bien formée ! & que la blancheur, & l'enbonpoint qui y paroiſſent, luy donnent d'éclat ! j'apperçois auſſi un autre endroit, qui n'eſt pas moins bien partagé de la Nature, c'eſt *la Nature même.*

Agnés. Retire ta main je te prie de ce lieu, ſi tu ne veux y cauſer une incendie qui ne pourroit pas s'éteindre facilement ? il faut que je t'avouë mon foible, je ſuis la fille la plus ſenſible qui ſe puiſſe trouver, & ce qui ne cauſeroit pas à d'autres la moindre émotion, me met ſouvent toute en deſordre.

Angelique. Quoy tu n'es donc pas ſi froide, comme tu voulois me perſuader au commencement de nôtre converſation ? & je croy que tu feras

auſſi

aussi bien ton personnage , qu'aucune
que je connoisse, quand je t'auray mise entre les mains de cinq ou six bons
Freres. Je souhaiterois pour ce sujet,
que le temps de la retraite , où je vais
entrer selon la coûtume , pût se diffe-
rer, afin de me trouver avec toy au
Parloir. Mais il n'importe , je m'en
consoleray par le recit que tu me feras
de tout ce qui se sera passé ; à sçavoir
si *l'Abbé* aura mieux fait que *le Moine* , si *le Feüillant* l'aura emporté sur
le Jesuite , & enfin si toute *la Fra-
traille* t'aura pleinement satisfaite.

Agnés. Ah que je me figure d'embarras dans ces sortes d'entretiens , &
qu'ils me trouveront Novice en fait
d'amourettes !

Angelique. Ne te mets pas en peine , ils sçavent de la maniere qu'il faut
user avec tout le monde , & un quart
d'heure avec eux , te rendra plus sçavante , que tous les preceptes que tu
pourrois recevoir de moy , dans une
semaine. ça, couvre ton derriere , de
crainte qu'il ne s'enrûme : tien il aura
encore

encore ce baiſer de moy, & celuy-cy
& celuy-là.

Agnés. Que tu és badine. Crois-
tu que j'aurois ſouffert ces ſottiſes,
ſans que je ſçay que rien n'y eſt of-
fenſé.

Angelique. Si cela étoit je peche-
rois donc à tout moment, car le ſoin
qu'on m'a donné des Ecolieres,& des
Penſionnaires, m'oblige à viſiter leur
maiſon de derriere bien ſouvent. Encore hier je donnai le foüet à une,plû-
tôt pour ma ſatisfaction, que pour aucune faute qu'elle eut commiſe , je
prenois un plaiſir ſingulier à la con-
templer, elle eſt fort jolie & a déja
treize ans.

Agnés. Je ſoûpire aprés cet employ de maîtreſſe de l'Ecole, afin de
prendre un ſemblable divertiſſement.
Je ſuis frappée de cette fantaiſie, &
même je ſerois ravie de voir en toy ce
que tu as conſideré ſi attentivement
dans ma perſonne.

Angelique. Helas mon enfant, la
demande que tu me fais ne me ſur-
prend

prend point, nous sommes toutes for-
mées de même pâte. Tien je me mets
dans ta posture , bon leve ma juppe &
ma chemise le plus haut que tu pourras.

Agnés. J'ay grande envie de prendre ma discipline , & de faire en sorte
que ces deux Sœurs jumelles n'ayent
rien à me reprocher.

Angelique. Ouf ! ouf ! ouf ! comme tu y vas ! Ces sortes de jeux ne me
plaisent que quand ils ne sont pas violens ? tréve , tréve , si ta devotion t'alloit reprendre , je serois perduë : Oh
Dieu que tu as le bras flexible , j'ay
dessein de t'associer dans mon office,
mais il y faut un peu plus de moderation.

Agnés. Voilà certes bien dequoy
ce plaindre, ce n'est pas là la dixme des
coups que j'ay reçûs, je te remets le
reste à une autre fois , il faut accorder
quelque chose à ton peu de courage.
Sçais-tu bien que cet endroit en de-
vient plus beau, un certain feu qui l'a-
nime , luy communique un vermillon
plus

plus pur & plus brillant que tout celuy d'Espagne. Approche-toy un peu
plus prés de la fenêtre, afin que le jour
m'en découvre toutes les beautez.
Voilà qui est bien. Je ne me lasserois
jamais de le regarder, je vois tout ce
que je souhaitois jusques à son voisi-
nage, pourquoy couvre-tu cette partie de ta main ?

Angelique. Helas tu peux la considerer aussi bien que le reste, s'il y a
du mal à cette occupation, il n'est pas
préjudiciable à personne, & ne trouble aucunement la tranquillité publi-
que.

Agnés. Comment pourroit-il la
troubler, puis que nous n'en faisons
plus une partie ; outre que les fautes
cachées sont à demi pardonnées.

Angelique. Tu as raison, car si
l'on pratiquoit dans le monde autant
de crimes, pour parler conformement à nos Regles, comme il s'en
commet dans les Cloitres, la Police
seroit obligée d'en corriger les abus,
& couperoit le cours à tous ces desor-
dres.

Agnés.

Agnés. Je croy aussi que les peres & meres ne permettroient jamais
l'entrée de nos Maisons à leurs enfans, s'ils en connoissoient le déreglement.

Angelique. Il n'en faut pas douter, mais comme la plûpart des fautes
y sont secrettes, & que la dissimulation y regne plus qu'en aucun endroit, tous ceux qui y demeurent n'en
apperçoivent pas les defauts; mais ser-
vent eux-mêmes à engager les autres.
Outre que l'interest particulier des
familles, l'emporte souvent sur beaucoup d'autres considerations.

Agnés. Les Confesseurs & les Directeurs des Cloitres, ont un talent
particulier, pour faire aller dans leurs
filets, de pauvres innocentes qni tom-
bent dans un piege, en pensant trouver un tresor.

Angelique. Il est vray, & je l'ay
éprouvé en ma personne. Je n'avois
aucun penchant pour la Religion, je
combattois vivement les raisons de
ceux qui m'y portoient, & jamais je
n'y

n'y ſerois entrée , ſi un Jeſuite qui
pour lors gouvernoit ce Monaſtere, ne
s'en étoit mêlé , un intereſt de famille
obligea ma mere qui m'aimoit ten-
drement, & qui s'y étoit toûjours oppoſée à y donner les mains. J'y reſi-
ſtay long-temps , parce que je ne pré-
voyois pas que le Comte de la Roche
mon frere aîné , par le droit de No-
bleſſe , & par les Coûtumes du païs,
emportoit preſque tout le bien de la
maiſon , & nous laiſſoit ſix , ſans autre
appuy que celuy qu'il nous promet-
toit, qui ſelon ſon humeur devoit être
peu de choſe. Enfin il ceda dix mille
francs , à ce qu'il me dit , de ces pré-
tentions , auſquels quatre furent ajoû-
tez , tellement que j'apportay qua-
torze mille livres pour mon dot, en
faiſant profeſſion dans ce Convent.
Mais pour revenir à l'adreſſe de celuy
qui m'embaucha , tu ſçauras qu'on fit
en ſorte que je me rencontraſſe avec
luy, une aprés-dînée que j'étois allée
rendre viſite à une de mes couſines
qui étoit Religieuſe , & qui mouroit
d'envie

d'envie de me voir revêtuë d'un habit semblable au sien.

Agnés. N'étoit-ce pas Sœur Victorie?

Angelique. Ouy. Nous étant donc trouvez tous trois à un même Parloir, le Jesuite, Victorie, & moy, nous commençâmes par les complimens & les civilitez, dont on use dans les premieres entrevûës, elles furent suivies d'un discours de ce Loyoliste touchant les vanitez du siecle, & la difficulté de faire son salut dans le monde, qui disposa beaucoup mon esprit à se laisser tromper : Ce n'étoient neanmoins que de legeres preparations, il avoit bien d'autres subtilitez pour s'insinuer dans mon interieur, & pour me faire entrer dans les sentimens, il me disoit quelquefois qu'il remarquoit dans ma phisionomie le veritable caractere d'une ame Religieuse, qu'il avoit un don particulier pour en faire un juste discernement, & que je ne pouvois sans faire une injure à Dieu, (c'est ainsi qu'il parloit) consacrer au monde

monde une beauté aussi parfaite que la mienne.

Agnét. Il ne s'y prenoit pas mal, que repondois-tu à tout cela?

Angelique. Je combatis d'abord ces premieres raisons, par d'autres que je luy opposois, qu'il détruisoit avec un artifice merveilleux ; Victorie aidoit encore à me tromper, & me faisoit voir la Religion du côté qu'elle peut avoir quelque chose d'aimable, & me cachoit adroitement tout ce qui étoit capable de m'en rebuter. Enfin le Jesuite, qui comme j'ay appris, avoit bien fait des conquêtes plus difficiles, fit ses derniers efforts pour s'assurer de la mienne. Il y réüssit par la peinture qu'il me fit du monde, & de la Religion, & me contraignit par la force de son éloquence, à embrasser étroitement son parti.

Agnés. Mais encore que dit-il qui fut capable d'exercer un pouvoir si absolu sur ton esprit?

Angelique. Je ne puis te le rapporter dans son étenduë, car il me tint

trois heures à la grille : tu sçauras seulement, qu'il me prouva par des raisonnemens que je croyois forts, que
c'étoit là ma vocation, dans laquelle
seule je pouvois faire mon salut, qu'il
n'y avoit point de sûreté pour moi, ni de
chemin hors de là ; que le monde n'é-
toit rempli que d'ecueils, & de preci-
pices ; que les excés des Religieux va-
loient mieux que la moderation des
Mondains, & que le repos & la
contemplation des uns, étoit en même
temps plus douce, & plus meritoi-
re que l'action, & tout l'embarras des
autres. Que c'étoit dans les Cloîtres
seuls, où l'on pouvoit traiter fami-
lierement avec Dieu, & par consé-
quent, que pour se rendre digne d'u-
ne communication si sainte & si rele-
vée, il falloit fuir la compagnie des
hommes. Que c'étoit dans ces lieux
que se conservoient les restes de l'ancienne ferveur des Chrêtiens, & qu'on
pouvoit voir l'image veritable de la
primitive Eglise.

Agnés. On ne pouvoit pas parler

avec plus d'éloquence , & tout ensemble avec plus d'artifice ; car je remarque qu'il ne te dit pas un mot des
rigueurs & des austeritez qui pouvoient t'epouventer.

Angelique. Tu te trompe, il n'oublia rien. Mais les peines & les mortifications dont il me parla , furent as-
saisonnées de tant de douceur, que je
ne les trouvay point de mauvais goût.
Je ne veux rien vous cacher (me di-
soit-il.) Ces devotes compagnies,
dont j'espere que vous augmenterez
le nombre , travaillent jour & nuit
par leurs austeritez , & penitences,
à dompter l'orgueil, & l'insolence
de la nature , elles exercent sur leurs
sens une violence qui dure toûjours ;
sans mourir leur ame est separée de
leur corps , & meprisant egalement
la douleur & la volupté , elles vivent
comme si elles n'étoient faites que du
seul esprit. Ce n'est pas tout (pour-
suivit-il) d'un ton persuasif, elles font
un sacrifice rigoureux de leur liberté,
elles se depoüillent de tous leurs biens
pour

pour s'enrichir seulement d'esperan-
ces, & s'imposent par des vœux so-
lemnels, la necessité d'une perpetuel-
le vertu.

Agnés. C'étoit un maître Orateur que ce Disciple de Loyola, je
souhaiterois le connoître?

Angelique. Tu le connois bien,
& je t'apprendray de petites particularitez de sa vie, qui te feront croire,
qu'il sçait faire plus d'un personnage. Mais il faut que je t'acheve le
reste. Voila Mademoiselle, bien des
chaines des rigueurs, & des mortifications que je vous presente; mais le
croiriez-vous, me dit-il, ces saintes
ames dont je vous parlois presente-
ment, sont glorieuses de ce joug, elles sont vaines de cette servitude, & il
ne s'offre point de rude peine à souffrir, qu'elles n'estiment une grande recompense ; elles font toutes leurs
amours & leur passion du service de
Jesus Christ ; c'est luy seul qui les
met toutes en feu, pour peu qu'il les
touche, c'est luy qui est l'unique Maî-

                 tre

tre de leur cœur, & qui sçait faire
succeder à leurs peines, des joyes &
des douceurs incroyables.

Agnés. Sans doute tu fûs charmée par ce beau discoureur.

Angelique. Ouy mon enfant, ce
Charlatan me persuada, ses paroles
me changerent en un moment, elles
m'arracherent à moy-même, & me firent rechercher avec ardeur, ce que
j'avois toûjours fuï avec constance.
Je devins la plus scrupuleuse du monde, & parce qu'il m'avoit dit qu'hors
du Cloître, je ne pouvois faire mon
salut, je m'imaginois devant que d'y
être entrée, avoir tous les diables à
mes côtez. Depuis ce temps, il a voulu luy-même me remettre dans le
bon sens, il m'a donné les connois-
sances qui pouvoient me tirer des tenebres, où il m'avoit jettée, & c'est à
sa Morale que je dois tout le repos,
& la quietude d'esprit que je possede.

Agnés. Apprend moy donc vîte
qui est ce personnage.

Angelique. C'est le Pere de Raucourt?

Agnés.

Agnés. Oh Dieu quel enchan-
teur ! j'ay été une fois à confesse à
luy, je le prenois pour l'homme du
Monde le plus devot, il est vray qu'il
sçait l'art de gagner les cœurs, en
perfection, & qu'il persuade ce qu'il
desire. Mais je luy veux mal de m'a-
voir laissée dans l'erreur où il me trouva, & d'où il me pouvoit dégager.

Angelique. Ah ! qu'il est trop pru-
dent pour se mettre ainsi au hazard ;
il te voyoit dans une bigotterie extraordinaire, dans des scrupules horribles, & sçavoit que d'une extremité à l'autre on ne peut pas reduire
une fille si facilement. Outre que si
un seul Saint éclairoit tous les aveugles, il n'y auroit plus de miracle à
faire pour les autres, tu m'entens
bien ? c'est à dire, qui si tu avois eu
la foy, tu aurois été guerie, & que si
ce sage Directeur eût reconnu en toy
quelques dispositions à suivre ses or-
donnances, il t'auroit servi de Medecin.

Agnés. Je le croy, mais j'aime
C iij   autant

autant t'en avoir l'obligation qu'à luy-même. Apprend moy je te prie quelque trait de la vie de ce Bien-heureux.

Angelique. Je le veux mon petit cœur, baise-moy donc & m'embrasse bien amoureusement auparavant: ah! ah! voilà qui est bien. Ah que je suis charmée de la beauté de ta bouche & de tes yeux, un seul de tes baisers me transporte plus que je ne puis te l'exprimer.

Agnés. Commence donc ? ah que tu és une grande baiseuse !

Angelique. Je ne me lasse jamais de caresser ce que je trouve aimable. Puisque tu connois le Pere de Rau-court, il n'est pas necessaire que je te die, que c'est l'homme du monde le plus intriguant, le plus adroit, & le plus spirituel qui se puisse trouver. Seulement je t'apprendray qu'en fait d'amitié il est delicat au dernier point, & que comme il croit valoir quelque chose, il faut avoir bien des qualitez pour luy plaire. Entre toutes ces con-

quêtes

quêtes il n'en contoit point de plus
glorieuse, que celle qu'il avoit faite
d'une jeune Religieuse d'un Convent de cette ville, qui s'appelle
sœur Virginie.

Agnés. J'en ay ouï parler comme
d'une beauté achevée, mais je n'en
sçay point d'autres particularitez.

Angelique. C'est une fille la plus
belle qui se puisse voir, si le portrait
que son galant m'en a montré est fidele, pour de l'esprit elle en est autant bien partagée qu'elle le pouvoit
souhaiter, elle est enjoüée, elle
touche plusieurs instrumens, & chan-
te avec des charmes capables d'enle-
ver, les cœurs. Il y avoit déja quelque mois que nôtre Jesuite se l'étoit
entierement aquise, & qu'ils jouïs-
soient tous deux de cette douce tran-
quilité qui fait tout le bon-heur des
amans, lors que la jalousie commença le desordre que tu vas entendre.

Il y avoit dans le même Monastere une Religieuse pour qui le Pere

 avoit

avoit témoigné avoir de l'amitié, &
à qui il avoit fait plusieurs visites sur
ce pied là: il en avoit même reçû quelques faveurs, capables d'engager for-
tement un homme un peu fidelle,
mais l'éclat de la beauté de Virginie,
l'emporta sur son cœur, il se dégagea
intérieurement de cette premiere habitude, & ne donna plus à cette pauvre fille, que l'exterieur, & les appa-
rences d'un veritable amour. Elle s'a-
perçût bien-tôt du changement, &
vit clairement qu'il y avoit du partage. Elle dissimula neanmoins son
chagrin, & voyant qu'elle avoit af-
faire à une Rivale qui la surpassoit en
tout, elle ne fit point dessein de
s'attaquer à elle, mais elle jura la perte de celuy qui la méprisoit.

Pour venir plus facilement à bout
de son entreprise, elle étudia les heures, & les momens, que Virginie
donnoit à l'entretien de ce Religieux
amant, & comme elle avoit appris
par experience, qu'il ne se conten-
toit pas de paroles, ni de faveurs legeres, elle crût avec raison qu'elle

pourroit les surprendre dans de certains exercices dont la connoissance la rendroit Maîtresse du sort de son infidelle : elle fut long-temps devant que de rien découvrir d'assez fort, pour éclater, elle apperçût bien deux ou trois fois ce pauvre Pere qui se réchauffoit la main dans le sein de Virginie, elles les vit se donnant quelques baisers, avec une ardeur incroyable, mais cela passoit pour bagatelles dans son esprit, & comme elle sçavoit qu'on ne comptoit dans le Cloitre ces sortes d'actions que pour des Peccatilles, que l'eau benite efface ; elle s'en teut en attendant une meilleure occasion de parler.

Agnés. Ah que je crains pour la pauvre Virginie ?

Angelique. Nos amans qui ne doutoient point des embûches qu'on leur dressoit, ne prenoient point de mesures pour s'en défendre, ils se voyoient deux ou trois fois la semaine, & s'écrivoient des billets lors que la prudence les obligeoit à se se-

C v

parer

parer par quelque temps l'un de l'autre, de crainte de donner lieu à la
médifance. Les lettres du Pere dont
les expreffions étoient fortes, & tendres, acheverent de luy gagner tout
à fait Virginie, il la fut voir aprés
huit jours d'abfence, & remarqua à
fes yeux & à fa contenance, qu'il en
auroit ce qu'elle luy avoit toûjours
refufé auparavant. Cependant fa rivale n'étoit pas oifive, car étant d'intelligence avec la Mere portiere, elle venoit d'apprendre l'arrivée du Jefuite, & ne doutant point qu'aprés
un fi long intervalle, ils n'en vinf-
fent à des privautez telles qu'elles
les auroit fouhaitées pour foy-même,
elle fe tranfporta animée de la ja-
loufie dans un lieu voifin du parloir,
où par le moyen d'une petite ouverture qu'elle avoit faite, elle pouvoit
découvrir jufques aux moindres mouvemens de ceux qui s'y entretenoient, & entendre leurs plus fecre-
tes converfations.

Agnés. C'eft ici que ma crainte fe
renou-

renouvelle. Ah que je veux de mal à cette curieuse de troubler si malicieusement le repos de deux malheureux amans?

Angelique. Afin que les dépositions qu'elle avoit dessein de faire, de ce qu'elle verroit, fussent reçûës sans difficulté, elle prit une autre Religieuse avec soy, qui pût rendre un semblable témoignage. S'étant donc postées l'une & l'autre dans l'endroit dont je t'ay parlé, elles apperçûrent nos deux amans qui s'entretenoient plus par leurs regards & par leurs soûpirs, que par les paroles, ils se serroient étroitement la main, & se regardant avec langueur ils se disoient quelque mots de tendresse, qui partoient plus de leur cœur, que de leur bouche. Cette amoureuse contemplation, fut suivie de l'ouverture d'une petite fenêtre quarée, qui étoit vers le milieu de la grille, & qui servoit à passer les paquets un peu gros dont on faisoit présent aux Religieuses. Ce fut pour

C vj

lors

lors que Virginie reçût & donna mille baisers, mais avec des transports si grands, avec des saillies si surprenantes, que l'amour même n'auroit pas pû en augmenter l'ardeur; Ah ma chere Virginie, commença nôtre passionné, vous voulez donc que nous en demeurions là? helas! que vous avez peu de retour pour ceux qui vous aiment, & que vous sçavez bien pratiquer l'art de les tourmenter? eh quoy reprit nôtre Vestale puis-je encore vous faire present de quelque chose aprés vous avoir donné mon cœur? ah que vôtre amour est tirannique, je sçay ce que vous desirez, je sçay même que j'ay eu la foiblesse de vous le faire esperer, mais je n'ignore pas que c'est tout mon bien, & toute ma richesse, & que je ne puis vous l'accorder, qu'en me reduisant à l'extremité. Ne pouvons-nous pas en demeurant dans les termes où nous sommes, passer ensemble de doux momens, & goûter des plaisirs d'autant plus par-

faits,

faits, qu'ils feront purs & innocens ? Si vôtre bon-heur comme vous me dites, ne dépend que de la perte de ce que j'ay de plus cher, vous ne pouvez être heureux qu'une feule fois, & moy toûjours miferable, puifque c'eft une chofe qui ne fe peut recouvrer, pour fe laiffer perdre comme auparavant. Croyez-moy, aimons-nous comme un frere aime une fœur, & donnons à cette amour toutes les libertez qu'il pourra s'imaginer, à l'exception d'une feule.

Agnés. Et le Jefuite ne répondoit-il point à tout cela ?

Angelique. Non pendant tout ce difcours il ne dit rien, mais fe foûtenant la tête d'une main, dans une pofture de melancolique, il regardoit avec des yeux remplis de langueur, celle qui luy parloit. Aprés quoy luy prenant la main au travers de la grille, il luy dit d'un air touchant. Il faut donc changer de methode, & n'aimer plus comme auparavant ? le pouvez-vous Virginie ? pour
moy

moy je ne puis rien retrancher de mon amour, & les regles que vous venez de me prescrire, ne peuvent être reçûës d'un veritable amant : il luy exagera ensuite avec tant de feu l'excés de son ardeur, qu'il la déconcerta entierement ; & tira d'elle une promesse de vive voix, de luy accorder dans quelques jours ce qui seul devoit le rendre parfaitement heureux. Il la fit pour lors approcher plus prés de la grille, & l'ayant fait monter sur un siege assez elevé, il la conjura de luy permettre au moins de satisfaire sa vûë, puisque toute autre liberté luy étoit défenduë, elle luy obeït aprés quelque resistance, & luy donna le temps de voir & de manier les endroits consacrez à la Chasteté, & à la continence. Elle de son côté voulut aussi contenter ses yeux par une pareille curiosité, & le Jesuite qui n'étoit pas insensible en trouva aisement les moyens, & elle obtint de luy ce qu'elle desiroit, avec plus de facilité qu'elle ne luy avoit accordé. Ce fut

fut là, le moment fatal de l'un & de l'autre, & celuy que defiroient nos Efpionnes : elles contemploient avec une fatisfaction extraordinaire, les plus beaux endroits du corps nû de leur compagne, que le Jefuite mettoit à découvert, & qu'il manioit avec les tranfports d'un amant infenfé. Tantôt elles admiroient une partie, tantôt une autre, felon que le Pere officieux, tournoit & faifoit changer de fituation à fon amante, tellement que quand il confideroit le devant, il leur expofoit en veuë fon derriere, parce que fa juppe d'un côté & d'autre étoit levée jufques à la ceinture.

Agnès. Il me femble que je fuis prefente à ce fpectacle, tant tu en rapporte l'hiftoire naïvement.

Angelique. Enfin ils terminerent leurs badineries, & nos deux Sœurs fe retirerent dans le deffein de couper le cours à ces amours mal conduits, & d'empêcher l'effet de la promeffe de Virginie. Par un bonheur particulier pour cette pauvre inno-

innocente, la Religieuse que sa Rivale s'étoit associée dans la confide-
ration de ce qui s'étoit passé, avoit
une amitié bien tendre pour elle, &
tâcha à trouver un biais pour détruire le Jesuite, sans nuire à celle qu'elle cherissoit : elle luy fit connoître
ce qu'elle sçavoit d'elle, l'assura de
ne rien faire à son préjudice, pour-
veu qu'elle luy promit de rompre
entierement avec ce Religieux, &
de n'avoir pas à l'avenir la moindre
communication avec luy. Virginie
toute honteuse de ce qu'elle appre-
noit, s'engagea à tout ce qu'on voulut, demandant seulement avec in-
stance que l'on conservât la reputation du Jesuite parce qu'il étoit impossible de nuire à l'un sans porter dom-
mage à l'autre. Elle protesta qu'elle ne vouloit plus le voir, & que ce
billet qu'elle luy alloit écrire pour
luy donner avis de ne plus revenir,
seroit le dernier qu'il recevroit d'elle. Ces conditions furent reçüës de
toutes deux, quoy qu'avec peine, elles

embrafembrasserent Virginie dont elles étoient devenuës amoureuses, & dirent en la quittant qu'elles vouloient prendre la place du Pere, & lier une étroite amitié avec elle.

Agnés. Elle en étoit quitte à bon marché, je croy qu'elle devoit cette Indulgence à sa beauté, & à ses autres qualitez qui la rendirent sans doute aimable à son ennemie même?

Angelique. Ce n'est pas encore icy la fin de nôtre histoire. Virginie écrivit donc promptement au Pere de Raucourt, & l'avertit par son billet de tout ce qui se passoit, & des conditions ausquelles elle s'étoit engagée, pour sauver son honneur, & le sien: elle luy remontra le danger où il s'exposeroit s'il revenoit pour la voir, & luy fit connoître qu'il étoit même impossible qu'elle reçût de ses lettres s'il ne se servoit d'une intrigue particuliere, pour éviter leurs surprises. Elle finissoit par des protestations d'un amour constant,

stant, & à l'épreuve de toutes les plus rudes attaques de la jalousie , & luy faisoit esperer que le temps pourroit dissiper cet orage, qui les menaçoit, & les rendre plus heureux que jamais. Je ne dis point avec quelle surprise le pere reçût & lût cette lettre ce fut un coup de foudre qui le frappa, il vit qu'il n'étoit pas à propos d'y faire réponse & qu'il faloit ceder au malheur qui s'opposoit à sa bonne fortune, dans le moment qu'il etoit prest d'en joüir.

Trois semaines s'étoient déja passées de ce veuvage, lors que Virginie s'ennuyant de sa solitude, trouva par une adresse merveilleuse le moyen d'aprendre des nouvelles de son Amant, & de luy faire part des siennes. Elle feignit de s'être oubliée d'envoyer au Pere de Raucourt un Bonnet quarré, qu'il luy avoit donné à faire, du temps de leurs familiaritez passées : sa rivale luy dit qu'elle eut à luy remettre entre les mains, & qu'elle le feroit tenir par une Touriere. Cela fut fait, la messagere fut avertie de la maniere qu'elle qu'elle devoit parler, elle s'aquitta de la commiſſion de point en point, & le Jeſuite aprés avoir reçû le Bonnet, la pria d'attendre un moment dans l'Egliſe afin d'avoir lieu de penſer à ce qu'il voyoit. Apres un peu de reflexion il ſe douta du ſtratageme, fit ouverture dans un endroit du Bonnet, & y trouva une lettre de Virginie, ſans l'examiner beaucoup, il y fit promptement la réponſe, qu'il plaça dans le même lieu qu'il ferma le mieux qu'il pût avec deux ou trois points d'aiguilles. Il revint joindre la Touriere qu'il pria de reporter le Bonnet afin qu'on le raccommodât parcequ'il étoit de beaucoup trop étroit pour luy, qu'il l'avoit fait eſſayer à pluſieurs de la maiſon afin d'exempter la perſonne de la peine qu'elle auroit à le reformer, mais qu'il ne s'étoit trouvé aucun Pere à qui il fut propre, qu'au reſte qu'il luy étoit fort oblige de la patience qu'elle avoit euë à attendre ſi long-temps. La bonne ſœur répondit par les reverences aux civilitez du

Pere,

Pere , & remporta le Bonnet quaré au Monastere , elle le remit par l'ordre de celle qui l'avoit envoyée, entre les mains de Virginie, qui fut ravie d'y apprendre des nouvelles de celuy qu'elle aimoit, & de ce que son artifice avoit si bien réüssi.

Agnés Il faut avoüer que l'Amour est bien inventif?

Angelique. Ce commerce dura plus d'un mois, il y avoit toûjours quelque chose à refaire à ce venerable Bonnet; de trois jours l'un, il falloit le porter au College, & le rapporter au Monastere. Personne ne s'imaginoit neanmoins qu'il y eut rien de mysterieux dans une semblable chose, on n'y prenoit pas garde, & ils auroient pû encore se servir de ce postillon sans l'accident qui le cassa au gage.

Agnés. Oh Dieu je m'imagine que le Pot eau-Rose fut découvert par la Touriere?

Angelique. Non tu te trompe. Cela vint de ce qu'un jour de jeûne que le portier des Jesuites , étoit de mauvaise

vaise humeur pour n'avoir peut-être
pas vuidé sa Roquille à l'ordinaire. La
Touriere qui avoit une infinité de
commissions, & entr'autres celle du
Bonnet, sonna deux ou trois fois à la
porte du College, pour se décharger
au plûtôt de son message. Ce bon Frere partit du Jardin où il étoit, & étant
arrivé hors d'haleine, pensant que ce
fut quelque Evêque, ou Archevêque,
ou quelque autre Grandeur, qui eut
ainsi sonné en Maître, il fut bien sur-
pris à la veuë de la bonne Sœur, qui
n'avoit rien autre chose à luy dire, que
de remettre le Bonnet quarré entre
les mains du Pere de Raucourt. Ce
demi Cuistre rebattu par tant de visite qui ne luy plaisoient pas, s'emporta de colere, & dit que ce Bonnet-là
se promenoit trop souvent, & qu'il
le mettroit en la disposition d'un
homme qu'il luy feroit faire un peu
de retraite. La Touriere s'excusant
le mieux qui luy fut possible, se retira,
& le Recteur qui attendoit un com-
pagnon dans la Porterie, pour sortir,
ayant

ayant entendu le Dialogue, appella le frere & voulut apprendre le sujet du differend, & pourquoy il traitoit ainsi rudement les personnes qui avoient à faire à ceux de la Maison. Celuy-cy se voyant chapitré de son Superieur, luy dit tout ce qu'il pensoit de ce Bonnet, l'asseura qu'il avoit déja fait prés de vingt tours & retours du College au Monastere, que sans doute il y avoit quelque dessein caché dans ces manieres, & que s'il plaisoit à sa Reverence, il visiteroit cette piece, qu'il disoit de contrebande ; ce qu'il fit à l'instant, & d'un coup de ciseau, il fit voïr le jour au quinziéme *Enfant du Bonnet quaré* qui venoit en droite ligne de la Sœur Virginie.

Agnés. Oh Dieu qu'une personne à de peine à se sauver, quand un mauvais Destin la poursuit, & qu'il a juré sa perte ! qu'arriva-t-il de tout cela ?

Angelique. Il est arrivé que le Pere a été confiné dans une autre Pro-

Province, & que la pauvre Virginie a été mortifiée de quelques penitences, & c'est de là qu'est venu le proverbe *qu'il y a bien de la malice sous le Bonnet quarré d'un Jesuite.*

Agnés. Ah Dieu c'étoit pour elle seule que j'apprehendois, mais dis moy comment cela vint à la connoissance de la Prieure ?

Angelique. Je serois trop longtemps, a t'entretenir de la même chose ; dans la premiere conversation qui succedera à ma retraite, je t'en diray davantage sur ce sujet, je te feray voir deux Enfans du Bonnet quarré, & t'apprendray le sort de leur pere & mere. Pense seulement à present, ma plus chere, que je vais passer huit ou dix jours bien tristement, puis qu'il me sera defendu d'avoir la moindre conference avec toy. Je vais écrire à trois des mes bons amis afin qu'ils te fassent visite pendant ce temps ; il y a un Abbé, un Feüillant, & un Capucin.

Agnés. Oh Dieu quelle bigareure!

&c

& que voulez-vous que je fasse avec tous ces gens-là, que je ne connois point?

Angelique. Tu n'as qu'à être obeïssante, ils t'apprendront assez ce qui sera de ton devoir pour les satis-faire & pour te contenter. Tien voici un livre que je te prête, fais en un bon usage, il t'instruira de beaucoup de choses, & donnera à ton esprit tou-te la quietude que tu peux souhaiter. Baise-moy, ma chere enfant, pour tout le temps que je seray sans te voir. Ah que je passerois ma retraite avec bien du plaisir, si le Directeur que j'auray etoit aussi aimable & aussi docile que toy! Adieu mon cœur habille-toy, tiens secrettes toutes nos amitiez, & te prepare à me faire le recit de tous tes divertissemens, lors que je seray sortie de mes exercices.

Fin du Premier Entretien.

VENUS

VENUS
DANS LE CLOITRE,
OU LA
RELIGIEUSE
EN CHEMISE.

SECOND ENTRETIEN.

Sœur *Angelique*.   Sœur *Agnés*.

Angelique. AH Dieu soit loüé, je commence a respirer jamais je n'ay été plus accablée de devotions, de mysteres, & d'Indulgences, que depuis que je t'ay quittée : ah que je suis rebutée de toutes ces superstitions. Comment te portes-tu ? tu ne me dis rien, qu'as-tu à rire ?

Agnés. Je suis toute honteuse de paroître devant vous, je m'imagine que vous sçavez déja jusques aux

D   moin-

moindres particularitez tout de ce qui s'est dit , & passé dans vôtre absence.

Angelique. Et de qui aurois-je pû l'apprendre ? tu te raille bien de moy, vien-t-en dans ma chambre , & songe par où tu commenceras à m'en faire un fidele recit. Pour moy je sors d'entre les mains d'un sauvage qui auroit mis au desespoir un esprit autrement tourné que le mien , je veux dire de mon Directeur , c'est l'homme le plus bouru , & le plus ignorant de son caractere. Je croy qu'il m'a fait gagner toutes les Indulgences , & les Pardons qui ont jamais été accordez par les Papes, depuis Gregoire le Grand , jusques à Innocent XI. si je l'avois crû je me ferois mise le corps en sang par les disciplines qu'il ma ordonnces, ce n'est pas que je luy aye fait montre de beaucoup de malice dans les Confessions qu'il a entenduës de moy mais c'est parce qu'il s'imagine que pour être dans le chemin de Paradis il faut être aussi sec , aussi maigre, & aussi décharné que luy, &

que

que c'eſt aſſez que d'être un peu agreable, & d'avoſr de l'embonpoint pour meriter toutes fortes de penitences. Juge par la comme jay paſſé mon temps, & ſi je n'ay pas eu ſujet de m'ennuyer?

Agnés. Pour moy je te diray que tu m'as donné des Directeurs qui ne m'ont gueres moins fatiguée que le tien, je ne ſçay pas ſi jay gagné avec eux des Indulgences, mais je ſuis certaine que pour les gagner beaucoup de perſonnes n'en font pas tant que nous en avons fait.

Angelique. Je n'en doute point. Mais dis-moy un peu des nouvelles de nôtre Abbé, & m'apprend s'il eſt capable de quelque choſe.

Agnés. Ce fut luy que je vis le premier, & en qui j'ay trouvé plus de feu, il n'y a rien de plus vif & de plus animé, & il y a plaiſir à l'entendre diſcourir. J'etois à la recreation d'aprés le diner lors qu'on vint m'avertir qu'il me demandoit. Comme je ſçavois que Madame étoit indiſpo-

ſée,

fée, je luy fis dire par la Portiere qu'il
allât au grand parloir, & qu'il ne s'im-
patientât pas. Je le fis bien attendre
un bon quart d'heure , parce que je
changeay de voile & de guimpe, afin
de paroître devant luy un peu pro-
prement , & de tâcher à répondre à
l'esperance qu'il avoit , de voir une
personne dont on luy avoit fait le
portrait si avantageusement. A son
abord je fis semblant de paroître un
peu interdite , répondant fort serieusement aux civilitez qu'il me faisoit,
mais cela ne le demonta point ; au
contraire il prit de là occasion de me
dire , fort hardiment , qu'il sçavoit
qu'il étoit permis aux belles de parler
d'un certain air indifferent , qui seroit
mal seant à d'autres , mais qu'il avoit
lieu d'esperer que se presentant à la
faveur de ma meilleure amie sa visite
ne pourroit m'être qu'agreable.

Angelique. Il passe pour avoir de
l'esprit, & on peut dire que ses grands
voyages accompagnez de beaucoup
d'experiences, ont ajoûté à ses avantages

tages naturels toute la perfection qui luy manquoit.

Agnés. Je ne sçay point ce que tu luy as dit de moy, mais je trouve qu'il s'avançoit beaucoup pour une premiere visite ; il tourna la conversation sur l'austerité des Maisons Religieuses, & tâcha à me persuader par une infinité de raisons , de ne point suivre le zele indiscret de la plûpart , traitant de ridicules toutes celles qui mettoient sottement en usage toutes sortes de mortifications. Il me fit rire par le recit naïf de ce qui luy étoit arrivé en Italie avec une Religieuse de S. Benoît , de l'adresse dont il se servit pour la voir aussi souvent qu'il souhaitoit, & comme enfin il en reçût les faveurs qui devoient être le fruit de ses assiduitez. Il m'asseura que devant cette habitude il avoit toûjours crû qu'il n'y avoit que chez les Religieuses que la chasteté refugiée se conservoit , & qu'il s'étoit toûjours persuadé que ces ames recluses vivoient dans une continence aussi par-

D iij

faite

faite que celle des Anges mais qu'il
avoit bien reconnu le contraire , &
que comme rien de parfait ne se gâte
mediocrement ; & qu'une chose conserve dans sa corruption le même degré qu'elle avoit en sa bonté, il avoit
remarqué qu'il n'y avoit rien de plus
dissolu que toutes les Recluses & bi-
gottes lors qu'elles trouvoient l'occasion de se divertir. Il me montra un
certain instrument de Vers qu'il avoit
reçû de celle dont je t'ay parlé, &
m'asseura qu'il avoit apris d'elle qu'il
y en avoit plus de cinquante de la sorte dans leur maison , & que toutes
depuis l'Abbesse jusques à la derniere
professe , le manioient plus souvent
que leur chapelets.

Angelique. Voilà qui est bien,
mais tu ne me dis rien pour ce qui te
regarde ?

Agnés. Que veux tu que je te die ?
C'est l'homme du monde le plus Ba-
din , à la seconde visite qu'il me fit je
ne pûs me dispenser de luy accorder
quelque grace , il opposa à toutes

mes

mes raisons une morale si forte , & si artificieuse qu'il rendit tout mes efforts inutiles , il me fit voir trois lettre de nôtre Abbesse , qui m'assuroient que quelque chose que je fisse, je ne pouvois marcher que sur ses pas. Elle a passé des nuits entieres avec luy, & ne le traite dans ses billets que d'Abbé de Beau-lieu : je luy representay que la grille étoit un obstacle insurmontable , & qu'il falloit de necessité qu'il se contentât de legeres badineries , puis qu'il étoit impossible d'aller plus avant. Mais il me fit bien connoître qu'il étoit plus sçavant que moy , & me fit voir deux planches qui se levoient, une de son côté, & l'autre du mien, & qui donnoient passage suffisant pour une personne : il me dit que c'étoit par son conseil que Madame avoit fait disposer cela de la sorte, qu'elle l'avoit nommé *le Détroit de Gibraltar*, & qu'elle luy disoit un jour , qu'il ne falloit pas s'hazarder de le passer, sans être bien muni de toutes les

D iiij   cho-

choſes neceſſaires particulierement
ſi on avoit deſſein de s'arrêter aux
Colomnes d'Hercule. Aprés donc
pluſieurs conteſtes de part & d'autre, l'Abbé paſſa le Détroit, &
arriva au port où il fut reçû, mais
ce ne fut pas ſans peine, & ſeulement
aprés qu'il m'eut aſſurée, que ſon
entrée n'auroit point de mauvaiſes
ſuittes; je luy permis autant de ſe-
jour qu'il en falloit pour le rendre
heureux, c'étoit le ſeptiéme du mois
d'Août, qui étoit un jour que Madame avoit coûtume d'employer
dans des grandes ceremonies, mais
que ſon indiſpoſition l'avoit obligée
à remettre juſques au mois prochain
ce qu'elle obſervoit ordinairement
dans celuy-cy. Il me dit qu'elle
avoit créé la ſeconde année qu'elle
fut Abbeſſe un ordre de Cheval-
lerie, qui n'étoit compoſé que de
Prêtres, de Moines, d'Abbez, de
Religieux, & de perſonnes Ec-
cleſiaſtiques. Que ceux qui y
étoient admis, faiſoient ſerment de
garder

garder le secret de l'Ordre & s'appel-
loient *les Chevaliers de la Grille* ou
de S. Laurent, que le Collier qui
leur étoit donné le jour de leur re-
ception étoit composé des chiffres de
Madame entre-lassez dans des lacs
d'amour, & qu'au bas pendoit une
Medaille d'or representant le Pa-
tron de l'Ordre couché tout nû sur
une grille, au milieu des flâmes avec
ces paroles, *Ardorem Craticula fovet*,
c'est à dire, *La Grille augmente mes
feux*. Il me montra le Collier qu'il
avoit reçû, & aprés quelques pre-
sens qu'il me fit de livres curieux,
nous nous separâmes l'un & l'autre
jusques à une nouvelle entrevûë.

Angelique. Tu ne m'as rien apris
de nouveau, touchant l'Ordre établi par Madame; M^r. l'Evêque de
* * en est le premier Chevalier,
l'Abbé de Beaumont le second,
l'Abbé Du Prat le troisiéme, le
Prieur de Pompiere, le quatriéme;
voilà les principaux, & les premiers
en datte; ils sont suivis de Jesuites,

de Jacobins, Augustins, Carmes, Feüillants, Peres de l'Oratoire, & du Provincial des Cordeliers. Tellement qu'à la derniere promotion qui se fit l'an passé, le nombre étoit de vingt-deux. Mais il est à remarquer qu'il y a beaucoup de difference entre eux, & qu'ils ne peuvent joüir tous de pareils privileges; il y en a qui s'appellent *les Cordons Bleus* & ce sont ceux qui sont tout puissans, qui ont le secret de l'Ordre, & qui disposent des affaires de Madame, comme Madame conduit les leurs. Pour ce qui est des autres, leur pouvoir est limité, il a des bornes qu'ils ne peuvent pas passer. Et il n'ont gueres plus d'avantage que les aspirants, jusques à ce que par leur zele, leur prudence, & leur discretion, ils se soient rendus dignes d'être de la grande profession. De tous les Moines, les seuls Capucins en sont exclus, parce que cette barbe qui les déguisent tant, les a rendus odieux à nôtre Abbesse, qui dit qu'elle ne

peut

peut s'imaginer qu'une perſonne du ſexe, puiſſe vouloir du bien à ces Satires. Mais à propos dis-moy des nouvelles du Pere Vital de Charenton?

Agnés. Je n'aurois jamais crû auſſi bien que Madame, qu'un Capucin eût été capable d'une galanterie, ſi celuy-là ne m'en eût perſuadé par ſa conduite. Il me vint voir trois jours aprés nôtre Abbé, nous allâmes dans le Parloir de S. Auguſtin, & ce fut-là où il me débita plus de fleurettes, que je n'en aurois pû attendre d'un Courtiſan de profeſſion, il parla au reſte ſi hardiment que j'avois honte d'entendre ſortir de la bouche d'un homme dont l'habit & la barbe ne prêchoient que la penitence, des paroles au commencement peu libres, mais dans la fin les plus diſſoluës que le plus grand débauché puiſſe mettre en uſage. Je ne pûs m'empêcher de luy en marquer mon étonnement & de luy faire connoître

D vj   qu'il

qu'il y avoit de l'excés dans ses tranfports. Ce qui fit qu'il y apporta un
peu de moderation. Il m'a rendu
trois vifites, pendant ta retraite , &
à la derniere il obtint peu de chofe de moy, parce que le Parloir où
nous étions, n'avoit pas les commo-
ditez de l'autre. Je te diray feulement qu'il m'apprêta bien de quoy
rire, en ce qu'ayant par fes efforts
ébranlé une barre de fer de la grille , & croyant s'être fait un chemin
affez large pour y paffer, il s'y ha-
zarda malgré moy , mais il n'en pût
venir à bout , d'autant qu'ayant paf-
fé la tefte & une des épaules avec
bien de la difficulté; fon Capuchon
s'accrocha à une des pointes du dehors, tellement qu'il avoit beau fe
remuër, il ne pouvoit fe débaraffer
de ce piege. Je ne pouvois le con-
templer dans cette pofture fans éclater de rire, je le fis promptement
repaffer de fon côté , & luy fit remettre la grille dans fon premier
état. Il me donna trois ou quatre
livres

livres dont il m'avoit parlé dans sa premiere visite, & se retira mal satisfait de son avanture.

Angelique. Je suis fâchée de ce desordre, car sans doute cela l'aura rebuté.

Agnés. Rebuté bon Dieu! vrayment c'est bien un homme à se rebuter, il n'y a rien de plus effronté que luy, oh qu'il sera icy devant la fin de la semaine, il m'a promis le *Recueil des Amours secretes de Robert d'Abrissel*, il m'en commença l'histoire, mais je la croy fausse, & controuvée à plaisir.

Angelique. Tu te trompe, il n'y a rien de plus veritable, & plusieurs graves Auteurs écrivent qu'il avoit coûtume de coucher avec ses Religieuses afin de les éprouver, & de remarquer en même temps dans sa personne, jusques où pouvoient aller les forces de la vertu, qui combat les tentations de la Chair : il croyoit beaucoup meriter par là ; & c'est ce qui a donné lieu à Godefroy de Van-

Vandôme, de traiter cette devotion
de plaisante & de ridicule, dans une
lettre qu'il écrit à S. Bernard, &
d'appeller cette ferveur, un nouveau
genre de martyre : cela a empêché
jusques à present que cet homme
n'ait été mis au rang des Saints par
la Cour de Rome, on le traite neanmoins de Bien-heureux.

Agnés. Il faut avoüer qu'il y a
bien des abus qui se pratiquent dans
nôtre Religion, & je ne suis plus surprise de ce que tant de peuples s'en
sont separez, pour s'attacher litterale-
ment aux Ecritures. Le Pere Feüillant que je vis pendant ta retraite
me fit remarquer visiblement, tous
les endroits défectueux du gouvernement present, pour ce qui regarde la Religion : C'est un homme
qui pour sa jeunesse (car il n'a que
vingt-six ans) possede toutes les sciences qui peuvent rendre une personne accomplie, de quelque caractere
qu'elle soit : il parle universellement
de toutes choses, mais avec un air dé-

gagé

gagé & qui n'a rien de pedantesque.

Angelique. Je voy bien qu'il te plût, il est bien fait & beau garçon, pour moy je ne l'appellois que mon *Grand Blanc*, en quel Parloir le vis-tu?

Agnés Je l'ay vû deux fois, la premiere ce fut dans le Parloir de S. Joseph, & la derniere dans celuy de Madame.

Angelique. Bon bon, c'est à dire qu'il passa *le Détroit*? il le meritay bien, & il y a plaisir à luy voir faire son personnage.

Agnés. Il me donna deux petites phioles d'essences qui ont une odeur merveilleuse, il étoit parfumé depuis les pieds jusques à la tête, & avec un vermeil si animé, que je le soupçonnay d'abord de s'être servi du petit Pot, mais je reconnus le contraire dans la suite, & vis que le rouge ne procedoit que de l'ardeur de sa passion, & de ce qu'il avoit le poil fraîchement fait. Son entretien & ses badineries me plûrent infiniment,

&

& je n'ûs pas de peine à luy accorder
le passage que j'avois tant disputé à
nôtre Abbé. Je luy representay seulement, qu'il y avoit sujet de craindre que les sottises que nous faisions
tous deux, ne fussent suivies d'un
troisiéme : je vous entens, reprit-il,
il tira en même temps un petit livre
de sa poche qu'il me donna, il avoit
pour titre, *Remedes doux & faci-*
les, contre l'Embonpoint dangereux
il me dit, qu'il m'apprendroit ce que
j'aurois à faire dans une pareille occasion, il me mit dans la bouche un
morceau de conserve, que je ne trouvé point de mauvais goût, je ne sçay
pas si elle renfermoit quelque vertu
secrete, mais aussi-tôt il se mit en état
d'arriver aux colomnes d'Hercule.

Angelique. C'est à dire que le
Grand Blanc gagna ton cœur ?

Agnés. Assurement qu'il le par-
tagea avec l'Abbé, je ne puis te dire
à qui je pourrois donner la preferen-
ce : une seule chose me choqua dans
le Feüillant, c'est que luy ayant vû au

col

col un Reliquaire de vermeil doré,
qu'il portoit sur son cœur, j'eus la
curiosité de l'ouvrir, mais je fus bien
surprise de ne trouver rien autre chose que des Cheveux, & du poil de dif-
ferentes couleurs, divisez dans des
compartimens figurez & tres-bien
faits. Il m'avoüa que c'étoit-là des
faveurs de toutes ses Maîtresses, & me
pria de favoriser aussi sa devotion, &
que le plus bel endroit serviroit à pla-
cer ce que je luy ferois la grace de luy
accorder! que veux-tu, je le satisfis?
J'oubliois à te dire qu'il y avoit en ca-
racteres d'or, cette inscription au milieu d'un cristal qui couvroit toute cette belle marchandise, *Reliques de
Sainte Barbe.* Sur le dessus du Reliquaire, on voyoit gravé un Cupidon
dans un Trône, & le Quidam pro-
sterné à ses pieds, avec ces paroles que
j'ay bien retenuës quoy qu'elles soient
latines, AVE LEX, JUS, AMOR.
Je le blâmay de cette irreverence, que
je traitay d'impieté, mais il ne fit que
s'en rire, & dit qu'il ne pouvoit refu-

fer

fer ces cultes, à celles qui meritoient toutes fortes d'adorations ; & que fi je fçavois déchifrer fept autres lettres qui étoient de l'autre côté, je ferois bien plus d'exclamations. En effet, ayant regardé, je vis les fept lettres fuivantes, A. C. D. E. D. L. G. il ne voulut jamais m'en donner l'intelligence, quelque inftance que je puffe faïre, je fis femblant d'en être fâchée, mais il s'apperçût bien que je ne luy voulois pas grand mal, c'eft pourquoy il m'embraffa de nouveau, & nous prîmes congé l'un de l'autre.

Angelique. Je fuis ravie ma chere enfant que toutes chofes foient allez felon mes fouhaits, ce n'eft qu'un échantillon de ce que je veux faire pour toy. Et je te ménageray la connoiffance d'un Jefuite, à qui fans doute tu donneras le prix, & tu avoüeras qu'il aura emporté l'avantage fur tous les autres. Mais il eft jaloux de fes habitudes jufques à l'excés, c'eft l'unique defaut que tu pourras trou-

trouver en luy , au reste , bel homme , galant , beau parleur, & qui n'ignore rien de ce qui peut venir à la connoiſſance d'une perſonne.

Agnés. Cette imperfection eſt aſſez grande, pour que je ne puiſſe pas m'accommoder avec luy.

Angelique. Eh pourquoy ? tu auras bien de la peine à trouver un homme qui aime veritablement , & qui ne ſoit pas jaloux. Je me ſouviens d'avoir connu un Benedictin, qui croyoit que toutes les Religieuſes de ſaint Benoît, ne pouvoient en voir d'un autre Ordre ſans injuſtice , & qu'elles déroboient à luy & à ſes Confreres, toutes les faveurs qu'elles accordoient aux Capucins ; & voicy comme il raiſonnoit. On ne peut pas douter que les hommes qui ſont en Religion ne ſoient ſujets aux mêmes paſſions & mouvemens , que ceux qui ſont dans le Monde. C'eſt dans cette vûë , diſoit-il, que les Fondateurs des Ordres , qui étoient fort éclairez , n'ont point élevé des Cloîtres tre pour ceux de leur fexe, qu'ils n'en ayent en même temps bâti pour les filles, afin que fans avoir recours aux étrangers, ils puffent les uns & les autres fe foulager de temps en temps, de la rigueur de leurs vœux. Dans les commencemens cela fe pratiquoit felon l'intention des Infti-tuteurs, ce qui faifoit qu'il n'y avoit aucun fcandale, mais à prefent ces lieux fe fentent de la corruption ge-nerale, on voit fans peine le Ber-nardin avec la Jacobine, le Cordelier avec la Benedictine, & de c te con-fufion horrible, il ne peut naître que des Monftres.

Agnés. Cette penfée étoit affez plaifante.

Angélique. Helas! s'écrioit-il, que diroient tous ces Saints Fonda-teurs à la veuë de tant d'adulteres, s'ils revenoient fur la terre? que de foudres, que d'anathemes ils fulmi-neroient contre leurs propres Enfans! Saint François ne renvoyeroit-il pas les Capucins, aux Capucines,

les Cordeliers, aux Cordelieres: saint
Dominique , saint Bernard, & tous
les autres ne remettroient-ils pas tous
ces dévoyez dans le premier chemin
de leurs Regles , & de leurs constitutions. C'est à dire les Jacobins, aux
Jacobines, les Feüillants aux Feüillantines. Mais que deviendroient les
Jesuites, & les Chartreux, luy dis-
je, car saint Ignace, ni saint Bruno
n'ont point dressé de Regles pour
le sexe. Oh que cet Espagnol, reprit-il, y a bien pourvû, il a fait cela
exprés, afin qu'il eussent lieu d'aller
impunement par tout ; outre que sui-
vant sa fantasie qui étoit un peu Pe-
deraste , il les a mis dans des emplois,
où ils trouvent parmi la jeunesse des
momens de satisfaction qu'ils prefe-
rent à tous les divertissemens des autres.

Pour les Chartreux, continua-t-il,
comme la retraite leur est étroitement ordonnée, ils cherchent dans
eux-mêmes, le plaisir qu'ils ne peuvent pas aller prendre chez les autres,

tres , & par une guerre vive & animée, ils viennent à bout des plus rudes tentations de la Chair. Ils reïte-
rent le combat tant que leur ennemi
leur fait de la resistance, ils y employent toute leur vigueur & nom-
ment ces sortes d'expeditions , *La
Guerre de cinq contre Un*. Eh bien le
Disciple de saint Benoît ne parloit-
il pas sçavamment?

Agnés. Assurement, j'aurois pris
plaisir à l'entendre.

Angelique. Il n'y a rien de plus
certain, que si cela se pratiquoit, &
que si dans le desordre même, on
suivoit quelque reglement, que tout
en iroit mieux. Il y a un an qu'une
jeune Religieuse n'auroit pas eté si
mal-heureuse comme elle a eté depuis, si elle eût fait avec le Provincial de son Ordre, ce qu'elle fit avec
celuy d'un autre. Tu as peut-être entendu parler de la Sœur Cecile, &
du Pere Raymond?

Agnés. Non, apprend moy ce que
tu en sçais?

An-

Angelique. La Sœur Cecile est une
Religieuse de l'Ordre de saint Augustin, & le Pere Raymond étoit pour
lors Provincial des Jacobins, je ne
te diray point de quelle maniere il
s'insinua dans l'esprit de cette innocente, qui avoit été inaccessible à
tout autre auparavant ; mais tu sçauras seulement qu'il se l'aquit tellement, que jamais amitié n'a été plus
étroite, & ils ne pouvoient être un
moment sans se voir, ou sans recevoir des nouvelles l'un de l'autre.
On s'apperçût dans la Communauté de cet engagement, & le Provincial Augustin, qui gouvernoit cette
maison, en ayant eu avis, fut au desespoir, parce que jamais il n'avoit
pû rien faire auprés d'elle, quoy qu'il
eût tâché par toutes sortes de moyens
de la corrompre. C'étoit la plus belle de ce Monastere. Etant ainsi cho-
qué au vif, il écrivit à la Superieure, & luy donna ordre d'avoir les
yeux sur les comportemens de Cecile : il fut facile à cette gardienne de
décou-

découvrir bien-tôt quelques sottises, parce que personne ne se tenoit sur ses gardes, ce n'étoit neanmoins que des badineries, mais ç'en étoit toûjours assez pour donner lieu à un jaloux, qui avoit le pouvoir en main, de mal-traiter une pauvre Religieuse. Il n'en forma pourtant pas le dessein, mais se proposa de se servir de cette occasion, pour avoir d'elle, ce qu'il n'en avoit pû obtenir auparavant. Il luy écrivit à elle-même afin de ne point éclater, & luy défendit la grille jusques à son arrivée, il étoit éloigné de vingt lieuës.

Agnés. Mais pouvoit-on produire des preuves contre elle, qu'elle eut fait quelque chose de notable?

Angelique. Oh qu'on sçait bien le moyen d'en trouver, n'en fut-il point, quand on a dessein de perdre une personne. Mais tout le mal ne vint que de ce qu'elle fut mal conseillée. Le Provincial étant donc arrivé, luy dit que c'étoit sur les informations qu'il avoit euës de sa mauvai-

se conduite , qu'il s'étoit transporté
sur les lieux , que c'étoit une chose
honteuse , qu'une jeune Religieuse
comme elle , s'abandonnât à des
actions qui ne pouvoient être nom-
mées pour leur infamie , & qu'il avoit
bien du déplaisir de se voir obligé à en
faire une punition exemplaire. Cecile qui n'étoit coupable devant les
hommes, que de quelques badineries,
comme regards & attouchemens , dit
qu'il étoit vray qu'elle avoit vû fort
souvent le Pere Raymond dont on lui
parloit , mais qu'elle sçavoit aussi
qu'elle n'avoit rien fait avec luy , qui
meritât une notable reprehension ;
qu'elle luy avoit donné son congé ,
aussi-tôt qu'elle en avoit reçû les ordres, & qu'elle avoit fait voir par là
qu'il n'y avoit rien de fort étroit dans
cet engagement. Le Provincial pour
arriver à son but, changeant de discours , luy parla dans des termes plus
doux qu'auparavant , & luy represen-
ta que si il luy arrivoit quelque mortification elle en seroit elle-même la
E

cause,

cauſe , qu'elle pouvoit remedier au deſordre qu'elle avoit cauſé , & qu'il luy étoit tres-facile de ſe parer des corrections rigoureuſes qui ne pouvoient luy manquer , ſi elle ne ſe ſervoit des avantages qu'elle poſſedoit. Il la prit en même temps par la main, qu'il luy ſerra amoureuſement, en la regardant avec un ſoûris qui devoit lui faire connoître la diſpoſition du cœur de ſon Juge.

Agnés. Ne ſe ſervit-elle pas de ce qu'elle pouvoit avoir d'engageant, pour ſe tirer du danger où elle étoit?

Angelique. Non , elle prit une conduite toute oppoſée à celle qu'elle devoit ſuivre , elle s'imagina que c'étoit pour l'éprouver , que ſon Provincial luy parloit de la ſorte, & qu'il n'avoit point d'autre deſſein, que de juger par ſa foibleſſe , de ce qu'elle avoit été capable de faire avec l'autre. Sur ce mauvais fondement , elle ne répondit à celuy qui brûloit d'amour pour elle, que par des froideurs & des paroles plus qu'indifferentes , qui chan-

changerent le cœur de ce paſſionné, & qui d'un tendre amant en firent un Juge implacable. Il proceda donc ſelon les formes, à l'inſtruction du Procés de Cecile, il reçût les dépoſitions que la jalouſie, & la flatterie mirent dans la bouche de pluſieurs de ſes Compagnes, & condamna cette pauvre enfant à être foüettée juſques au ſang, à jeûner dix Vendredis au pain & à l'eau, & à être excluſe du Parloir pendant ſix mois : tellement qu'on peut dire, qu'elle fut punie pour avoir été trop ſage, & pour ne s'être pas laiſſée corrompre à la brutalité de ſon Superieur.

Agnés. Oh Dieu que cela me touche ! je regarde cette pauvre Religieuſe comme une innocente victime, immolée à la rage d'un furieux, & je ne fais point de difference entre elle, & les onze mille Vierges.

Angelique. Tu as raiſon, car on dit, que celles-cy furent égorgées pour n'avoir pas voulu ſatisfaire la paſſion d'un homme, & celle-là n'a

F ij

été

été outragée que par la même raison. Comme il n'y a point d'animal
au monde plus luxurieux qu'un Moine, il n'en est point aussi de plus
malin & de plus vindicatif lors qu'on
méprise son ardeur. J'ay lû sur ce
sujet une Histoire d'un maudit Capucin, dans un livre qui avoit pour
titre *le Bouc en chaleur*. Mais à propos
dis-moy un peu quels sont les livres
que tu as reçûs pendant ma retraite?
je prétens bien en avoir la lecture?

Agnés. Tres-volontiers, il y en a d'assez plaisans, en voici le Catalogue.

La Chasteté Feconde, Nouvelle
Curieuse.

Le Passe-par-tout des Jesuites,
Pièce Galante.

La Prison Eclairée, ou *l'Ouverture du petit Guichet*, le tout en Fi-
gures.

Le Journalier des Feüillantines.

*Les Proüesses des Chevaliers de
S. Laurent.*

*Regles & Statuts de l'Abbaye
de Congne-au fonds.*

Re-

Recueil des Remedes contre l'Embonpoint Dangereux. Composé pour la commodité des Dames Religieuses de S. George.

L'Extrême-Onction de la Virginité Mourante.

L'Orvietan Apostolique composé par les quatre *Mendians* , ex præcepto Sanctissimi.

Le Coupe-Cû des Moines.

Le Passe-temps des Abbez.

La Guerre des Chartreux.

Les Fruits de la Vie unitive , &c. Je croy si je ne me trompe, que je n'en oublie aucun dans cette Liste, j'ay déja fait la lecture de cinq ou six, qui m'ont infiniment plû.

Angelique. Certes, ils t'ont fait present d'une Bibliotheque toute entiere. Si le dedans répond au dehors comme je n'en doute point, ces livres doivent être fort divertissans. Tu as là dequoy perfectionner ton esprit, & te rendre telle que tu dois être, c'est à dire, universelle en toutes sciences, car il en est qui au milieu

            de

de beaucoup de lumiere , conser-
vent encore des doutes qui leur font
quelquefois de la peine , & dont les
suites sont souvent dangereuses. Je
te veux dire une Histoire sur ce sujet , qui est arrivée dans l'Abbaye de
Chelles.

Agnés. Il faut que vous ayez des
intrigues merveilleuses , pour apprendre tout ce qui se passe de plus
secret dans tous les Monasteres?

Angelique. Tu sçauras, que l'Abbesse de cette Maison étant d'un narel fort chaud , avoit coûtume de
prendre le Bain tous les Etez pendant quelques semaines. Il étoit
dressé selon l'ordonnance de son Medecin , qui pour le faire trouver
meilleur prescrivoit une regle & une
methode particuliere à observer , sans
laquelle il devoit être inutile. Il falloit le soir de la veille qu'on le devoit prendre , le preparer entierement , & laisser reposer l'eau toute
la nuit jusques au lendemain, qu'on
pouvoit à certaines heures se mettre
de-

dedans. Les odeurs, & les essences n'y étoient point épargnées, on les y repandoit avec profusion, & tout ce qui pouvoit flatter la sensualité de Madame entroit dans sa composition.

Agnés. Ce sont les Medecins, qui par une fausse complaisance entretiennent ainsi le foible des personnes.

Angelique. Quoy qu'il en soit, une jeune Religieuse de la Maison appellée Sœur Scolastique, & de l'âge de dix-huit ans. Voyant tous ces grands preparatifs pour Madame, & s'appercevant que le bain etoit en état dés le soir, forma le dessein tant pour se soulager de l'incommodité de la saison, que de sa chaleur interieure qui n'étoit pas mediocre de se servir de l'occasion, & de faire tous les soirs l'épreuve de ce salutaire *Lavabo.* En effet elle n'y manqua pas pendant huit jours, & trouva que cela donnoit du lustre à son embonpoint, & qu'elle en reposoit

E iiij   mieux,

mieux. Elle fortoit de fa chambre fur les neuf heures, & prefque nuë en chemife, s'en alloit dans le lieu où tout étoit difpofé; elle fe defaifoit bien-tôt de fa juppe & de fa chemife, & ainfi toute nuë fe mettoit dans la Cuve, où elle fe nettoyoit & fe frottoit de tous côtez, d'où elle fortoit aprés auffi nette, auffi pure, & auffi belle qu'étoit Eve dans le Paradis Terreftre durant l'état de fon innocence.

Agnés. Ne fut-elle point découverte?

Angelique. Tu l'apprendras prefentement. Un foir que Scolaftique fe rafaîchiffoit à l'ordinaire, une Ancienne qui n'étoit pas encore endormie, ayant entendu marcher dans le Dortoir, à une heure que felon la coûtume, toutes les Religieufes devoient être retirées, fortit de fa chambre, & aprés avoir cherché inutilement la perfonne qu'elle avoit entenduë; elle entra dans le lieu où l'on prenoit le Bain, où elle

y

y apperçût aussi-tôt, au clair de la
Lune, une Religieuse toute nuë,
qui s'essuyoit avec une serviette étant
prête de reprendre sa chemise. La
bonne Vieille pensant que c'étoit
l'Abbesse, se retira promptement
en demandant excuse de s'être ainsi
avancée. Scolastique qui ne répondit rien, connut bien que cette bonne Mere s'étoit trompée, & l'avoit
prise pour une autre. Elle s'en alla,
aprés avoir donné le temps à l'autre
de se retirer, & ne pensa plus à y
revenir une autrefois, de crainte
d'être découverte.

Agnés Est-ce là où tout se ter-
mina?

Angelique. Non. Les Fesses de la
pauvre Scolastique en auroient été
bien-aises.

Agnés. Comment? cette belle Enfant reçût-elle quelque déplaisir?

Angelique. La Venerable Mere
dont je t'ay parlé, ayant refléchy le
matin sur ce qu'elle avoit vû le soir
precedent, crut qu'il étoit à propos

E v   d'aller

d'aller trouver Madame, & de luy
faire des excufes particulieres de ce
rencontre, qu'elle auroit pû attribuer
à une mauvaife curiofité. Ce qu'elle
fit malheureufement. Cela furprit
tout à fait l'Abbeffe, & luy fit croire,
qu'elle n'avoit eu que les reftes &
les égouts de quelques infirmes de fa
Communauté, elle en parla le lendemain dans fon Chapitre, & commanda en vertu de *Sainte Obedience*
à celle qui s'étoit mife dans le bain de
le declarer. Mais pas une de la compagnie ne parla, Scolaftique n'étoit
pas des plus fcrupuleufes & avoit de
l'efprit, c'eft pourquoy elle fe tût.
Ce filence general mit l'Abbeffe au
defefpoir elle crie, elle fulmine,
elle menace tout le monde, mais
inutilement. Enfin par le confeil
d'un Moine, elle pratiqua un plaifant ftratageme. Elle fit affembler
toutes fes Religieufes, & leur re-
prefenta qu'il y en avoit une d'entre elles, excommuniée, & dans l'é-
tat de damnation, pour n'avoir pas
revelé

revelé ce qui luy avoit été comman-
dé de dire, *en vertu de Sainte Obedience.* Qu'un faint & fçavant homme, luy avoit donné un moyen fûr
& infaillible, de la découvrir, mais
qu'elle luy permettoit encore de parler, & d'éviter par ce moyen, les
rudes penitences qu'elle s'attireroit
par fa defobeïffance formelle.

Agnés. Oh Dieu! que dans cet
embarras, je crains pour la pauvre
Scolaftique, car tous les confeils des
Moines font toûjours pernicieux.

Angelique. Madame, voyant que
cette derniere contrainte avoit été
fans effet, elle fuivit l'avis qui luy
avois été donné. Elle fit parer une
table dans une chambre, d'un drap
Mortuaire, elle fit mettre au milieu un Calice de la Sacriftie. Cela
étant ainfi difpofé, elle commanda à
toutes fes Filles d'entrer l'une aprés
l'autre dans ce lieu, & de toucher
avec la main le pied du Vafe facré
(c'eft ainfi qu'elle parloit) qui étoit
expofé fur la table, que par ce moyen
E vj   elle

elle connoîtroit celle qui s'étoit jusques-là tenuë cachée, parce qu'elle n'auroit pas plûtôt mis les doigts sur cette Coupe sacrée, que la table tomberoit par terre, & découvriroit par une vertu secrette d'enhaut, celle qui seroit la coupable. Cela se fit sur les neuf heures du soir & dans l'obscurité, elles entrerent donc toutes dans cette chambre & toucherent le pied du Calice avec la main. Scolastique fut l'unique qui n'osa le faire de crainte d'être decelée & toucha seulement le tapis. Aprés quoy elle se retira avec les autres dans une seconde chambre qui étoit aussi sans lumiere, d'où l'Abbesse les fit venir à soy l'une aprés l'autre, quand toute la ceremonie fut faite. Or il est à remarquer qu'elle avoit noircy le pied du Calice avec de l'huile & du noir de fumée, tellement qu'il étoit impossible d'y toucher sans en porter les marques, ayant donc allumé une chandelle, dans la chambre où elle étoit, elle considera les mains

de toutes ces Religieuses, & recon-
nut que toutes avoient touché la
Coupe excepté Scolaſtique, qui n'a-
voit aucune noirceur aux doigts comme les autres de la Communauté :
Cela luy fit juger que c'étoit elle
qui avoit fait la faute. Cette pauvre
innocente ſe voyant ainſi trompée
par un faux artifice , eut recours aux
larmes & aux excuſes, & elle en fut
quitte pour une couple de Diſcipli-
nes, qu'elle reçût devant toute la
compagnie. Eh bien ! ce fut ſeulement cet exterieur de Religion dont
on ſe ſervoit avec impieté , qui
luy fit peur, & ſi elle avoit fait un
peu de reflexion ſur l'impoſſibilité
qu'il y avoit de la découvrir par un
ſi ridicule artifice , elle ne l'auroit pas
été.

Agnés. Il eſt vray ; mais l'Abbeſſe devoit pardonner à ſa beauté,
& à ſa jeuneſſe.

Angelique. Elle le pouvoit, mais
elle ne le fit pas, & même j'ay ouï
dire , que la premiere diſcipline
qu'elle

qu'elle luy ordonna, dura prés d'un quart d'heure, juge de là en quel état pouvoient être les fesses de cette belle enfant?

Agnés. Elles étoient sans doute à peu prés comme les miennes, lors que je te les fis voir. S'il ne dépendoit que de moy, je condamnerois à de perpetuelles Galeres, le maudit Conseiller de l'Abbesse : & si cela m'étoit ainsi arrivé, je dresserois tant d'embûches à ce Moine par le moyen de quelques amies du dehors, que je le ferois repentir de son Stratageme.

Angelique. Crois - tu que si il eût pensé que Scolastique eût dû être châtiée pour cela, qu'il y auroit servy? Non, il s'imaginoit aussi bien que l'Abbesse, que c'étoit quelque vieille, ou quelque infirme qui avoit été surprise & c'est ce qui faisoit mal au cœur de Madame, de s'être comme elle croyoit, lavée dans les ordures de telles personnes.

Agnés. Pour moy je croy qu'elle fut soulagée, quand elle connut que

c'étoit

c'étoit Scolaſtique, qui s'étoit miſe dans ſon bain, parce qu'on ne ſe dé-goûte pas d'une jeune fille, propre & bien faite comme tu me l'a repreſen-te. La penitence qu'elle reçût me fait penſer à celle de Virginie, & aux Enfans du Bonnet quarré du Jeſuite.

Angelique Il faut que je t'en faſſe voir deux que j'ay dans ma caſſette, il y en a un du Pere de Raucourt, & l'autre de Virginie, tien fais la lectu-re de celuy-cy.

Agnés. Voicy quaſi un caractere de fille, tout en paroit negligé.

Ah Dieu, ma chere Enfant, que ce commerce de lettres commence à m'ennuyer ! il ne fait qu'augmenter mes feux, & il ne les ſoulage aucu-nement, il m'apprend que Virginie me veut du bien, mais il me marque auſſi-tôt qu'il m'eſt impoſſible d'en jouir. Ah que ce mêlange de douceur & d'amertume cauſe d'étranges mouvemens dans un cœur fait comme le mien. J'avois bien ouï dire que l'A-mour donnoit quelquefois de l'eſprit à

ceux

ceux qui en étoient dépourvûs, mais je ressens chez moy un effet tout contraire & je puis dire avec verité qu'il m'ôte ce qu'il presente aux autres. Plusieurs s'apperçoivent de ce changement, mais ils en ignorent la cause. Je préchay hier chez les Religieuses de la Visitation, jamais je n'ay été plus animé, je devois conformement à mon sujet entretenir la Compagnie de la Mortification & de la Penitence, & je n'ay parlé dans tout mon Discours que d'Affections que de Tendresses, que de saillies & de Transports. C'est vous, Virginie, qui causez tout ce desordre, prenez donc compassion de mon égarement, & travaillez à trouver promptement le moyen de me remettre dans mon bon sens. Adieu.

Angelique. Eh bien Agnés que dis-tu de cet Enfant fait à la hâte.

Agnés Je le trouve digne de son Pere, & capable tout nû qu'il est d'habit & d'ornement, de se conserver non seulement un Cœur qu'il posse-

possede, mais même d'y exciter de nouveaux mouvemens.

Angelique. Tu as raison, car en Amour le stile le plus negligé est toûjours le plus persuasif, & souvent toute l'éloquence d'un Orateur, ne pourroit faire naître dans une ame ces doux transports, qui ne font que les effets d'un terme peu relevé, mais expressif. C'est une verité dont je puis rendre témoignage, puisque je l'ay éprouvé plusieurs fois dans moy-même. Mais voyons un peu si Virginie s'exprime aussi bien que son Amant.

Agnés. Donne-moy la lettre que j'en fasse la lecture.

Angelique. Tien la voilà, c'est plûtôt un billet qu'une lettre, car le tout n'est composé que de cinq ou six lignes.

Agnés. Son caractere n'est gueres different du mien.

Ah que vous étes artificieux dans vos paroles, & que vous sçavez bien troubler le peu de repos qui reste à une

inno-

innocente qui vous aime? pouvez-vous avec raison me demander si je pense en vous? Helas, mon cher, consultez-vous vous-mêmes, & croyez que nous ne pouvons tous deux être animez d'une même passion, sans ressentir de pareilles atteintes. Adieu, songez à la rupture de nos chaînes, l'Amour me rend capable de toute entreprise, Ah qu'il me cause de foiblesse! Adieu.

Angelique. N'est-il pas vray, que tu trouve ce billet bien plus tendre que la lettre?

Agnés. Assurement. On peut dire qu'il est tout cœur, & que deux ou trois periodes expriment autant la disposition de l'ame d'une Amante, que le feroient deux pages d'un Roman. Mais je ne vois pas que ce soit une réponse à celle que nous avons leuë du Pere de Raucourt.

Angelique. Non, ce n'en est pas une, c'est celle d'une autre qu'on ne m'a pas envoyée.

Agnés. Le malheur de ces deux pauvres Amans me touche ; sur tout

je

je porte une extreme compaſſion aux
déplaiſirs de Virginie , car ſans doute
elle paſſe le temps à preſent dans
beaucoup de chagrin , & mene une
vie bien ennuyeuſe.

Angelique. Si elle n'eût point
conſervé les lettres & les billets qui
lui étoient adreſſez , elle ne ſeroit pas
ſi malheureuſe, car on n'auroit pas découvert le deſſein qu'elle avoit de ſortir du Monaſtere.

Agnés. C'eſt donc ſans doute de
cela qu'elle parle , quand elle dit dans
ſon billet *penſez à la rupture de nos
chaînes* , je n'aurois pas donné le veritable ſens à ces paroles ; Oh qu'elle
auroit été malheureuſe, la pauvre Enfant , ſi elle eut fait cette méchante
démarche ! helas dequoy l'Amour
n'eſt-il point capable , quand il ſe voit
combattu ?

Angelique. Si-tôt que le Recteur
des Jeſuites eut appris ce qui ſe paſ-
ſoit , par la lettre qu'il trouva dans le
Bonnet , il en donna avis à la Superieure, qui alla auſſi-tôt avec ſon Aſſi-
ſtante

stante visiter la chambre de Virginie, où elle trouva dans sa cassette une infinité de Billets & d'autres bagatelles, qui luy firent connoître la verité de ce qu'elle n'auroit pû croire si elle ne l'avoit vû, Comme elle aimoit beaucoup Virginie elle ne fit paroître dans ces procedures, que ce qu'elle ne pût cacher, & modera le châtiment que les Constitutions prescrivoient.

Agnés. Le Jesuite a été plus heureux, puis qu'il en a été quitte pour changer de Province.

Angelique. Oh que ces affaires ne se sont pas passées si doucement que tu t'imagine, il est à present hors de la Compagnie. Tu sçauras que comme dans la Societé tout roule & n'est établi que sur l'estime & la reputation, il est impossible à un homme d'honneur d'y rester aprés qu'il a perdu par quelque accident, dans l'esprit de ses Confreres, ces deux choses qui flatent si agreablement l'ambition des hommes. Le Pere de Raucourt se voyant donc déchû par le malheur que tu sçais,

ſçais, de ce degré de gloire qu'il s'é-
toit aquis par ſes merites, & où s'é-
toit toûjours conſervé par ſa prudence, fit peu de cas de l'indulgence que
ſes Superieurs luy offroient, & ne
penſa plus qu'à les abandonner ; ce
qu'il a fait depuis quelque temps &
s'eſt retiré en Angleterre.

Agnés. Mais que peut faire dans
un païs étranger un homme qui n'a
point d'autres biens que la ſcience, &
qui n'a que la Philoſophie pour partage ?

Angelique. Ce qu'il peut faire ? il
peut par ſon eſprit ſe rendre plus utile à la Republique, ſi elle le veut employer, que tous les Artiſans qui la
compoſent. Il peut par ſes Ecrits
donner de la vigueur aux Loix les
plus oppoſées à l'inclination du peuple, il peut porter la gloire d'une Na-
tion dans les lieux les plus éloignez.
Enfin il eſt peu d'employ qu'il ne
puiſſe dignement remplir, & dont
l'Etat ne puiſſe tirer de grands fruits.
Comme ce que je dis n'eſt pas hors

de

de raiſon, il n'eſt pas auſſi ſans exemple, & j'ay appris d'un Dominicain,
qu'un mécontent de leur Ordre étoit
à la Cour de ce Royaume où de Raucourt s'eſt retiré, & qu'il y faiſoit tres-
belle figure, en qualité de Reſident
ou d'Envoyé d'un Prince d'Allema-
gne.

Agnés. Sans doute qu'il auroit
conduit Virginie dans ce païs, s'ils
fuſſent venus a bout de leurs deſſeins.
Helas qu'il y auroit peu de Reclus &
de Recluſes, ſi on donnoit le temps à
ceux & à celles qui entrent dans les
Cloitres, de reflechir ſur les avantages d'une honnête liberté, & ſur les
ſuites fàcheuſes d'un funeſte engagement?

Angelique. Pourquoy parles-tu de
la ſorte? ne pouvons-nous pas goûter
des plaiſirs auſſi parfaits dans l'en-
ceinte de nos murailles, comme ceux
qui ſont au dehors? les obſtacles qui
s'y oppoſent ne ſervent qu'à les rendre de meilleur goût, quand aprés les
avoir adroitement ſurmontez nous

poſſe-

poffedons ce que nous avons defiré:
Ce feroit être, & malin, & ingrat
que de cenfurer les divertiffemens
des Moines & Moineffes, car je di-
rois à ces gens-là, n'eft-il pas vray que
la continence eft un don de Dieu,
duquel il gratifie qui il luy plaît &
dont il ne fait pas largeffe à ceux qu'il
n'en veut pas honorer. Cela fuppo-
fé, il ne fera rendre compte de ce
prefent qu'à ceux à qui il l'aura
donné.

Agnés. Je conçois bien la force
de cette raifon, mais on pouroit dire
que les Vœux par lefquels nous nous
y engageons folonnellement nous
en rendent refponfables devant luy.

Angelique. Eh ne vois tu pas bien
que ce Vœu-là, que tu fais entre
les mains des hommes, ne font que
des chanfons? Peus-tu avec raifon
t'obliger à donner ce que tu n'as pas?
& ce que tu ne peut avoir, s'il ne
plaît à celuy à qui tu l'offre de te l'accorder? juge de-là, de la nature de
nos engagemens, & fi à la rigueur
nous

nous sommes tenuës selon Dieu, à l'effet de nos promesses, puis qu'elles renferment en elles une impossibilité Morale. Tu ne peux rien dire qui détruise ce raisonnement?

Agnés, Il est vray, & c'est ce qui doit nous mettre l'esprit en repos?

Angelique. Pour moy, je te puis dire que rien ne me chagrine, je passe le temps dans une égalité d'esprit qui me rend insensible aux peines qui fatiguent les autres. Je vois tout, j'écoute tout, mais peu de choses sont capables de m'émouvoir, & si mon repos n'eût troublé par quelque indisposition corporelle, il n'y a personne qui puisse vivre avec plus de tranquillité que moy.

Agnes. Mais dans une conduite si opposée à celle des autres Cloîtres que pensez-vous de la disposition de leur ame, & ces actions qui sont suivies comme ils prêchent, de tant de merites ne vous tentent-elles point par l'esperance qu'elles proposent. On pourroit nous dire, que le liber-

tinage

tinage est souvent capable de nous
fournir des raisons pour nous perdre.
Car qu'y a-t-il de plus saint que la
meditation des choses Celestes, à laquelle ils s'employent ? qu'y a-t-il
de plus loüable que cette haute pieté
qu'ils mettent en pratique , & les
jeûnes & les austeritez dont ils se
mortifient peuvent-elles passer pour
des œuvres infructueuses –

Angelique. Ah, mon Enfant, que
ces objections sont foibles. Il faut
que tu sçache qu'il y a bien de la difference entre la licence , & la liberté,
dans mes actions je me tiens souvent
sur la pente de celle-cy, mais je ne me
laisse jamais tomber dans le desordre
de celle-là. Si je ne donne point de
bornes à ma joye & à mes plaisirs, c'est
parce qu'ils sont innocens & qu'ils
ne blessent jamais par leur excés les
choses pour lesquelles je dois avoir de
la veneration. Mais tu veux bien que
je te die ce que je pense de ces fous
melancoliques , dont les manieres te
charment ? Sçais-tu que ce que tu ap-

contemplationdes choſes divines, n'eſt
dans le fonds qu'une lâche oiſiveté,
incapable de toute action ? Que les
mouvemens de ce cette pieté heroï-
que que tu fais éclater , ne procedent
que du deſordre d'une raiſon alterée?
& que pour trouver la cauſe generale
qui les fait ſe déchirer comme des de-
ſeſperez , il la faut chercher dans les
vapeurs d'une humeur noire , ou dans
la foibleſſe de leur cerveau.

Agnés. Je prens tant de plaiſir à
entendre tes raiſons , que je t'ay pro-
poſé tout exprés comme une difficulté ce qui ne me faiſoit ſouffrir aucun
doute ? mais j'entens la cloche qui
nous appelle ?

Angelique. C'eſt pour aller au Re-
fectoir. Aprés le dîner nous pourrons continuer nos entretiens.

Fin du Second Entretien.

VENUS

VENUS
DANS LE CLOITRE,
OU LA
RELIGIEUSE
EN CHEMISE.

TROISIEME ENTRETIEN.

Sœur *Agnés.* Sœur *Angelique.*

Agnés. AH que la beauté du jour
est agreable ! cela me ré-
veille tous les esprits. Retirons-
nous toutes deux dans cette allée, afin
de nous éloigner de la compagnie des
autres.

Angelique. Nous ne pouvions pas
trouver dans tout le Jardin un lieu
plus propre à la promenade, car les
arbres qui l'environnent nous donne-
ront autant d'ombre, qu'il en faut

F ij

pour

pour n'être pas exposées à la chaleur du Soleil.

Agnés. Il est vray : mais il est à craindre que *Madame* ne vienne pour s'y recréer, car c'est ici l'endroit qu'elle choisit le plus souvent pour prendre l'air aprés le repas.

Angelique. N'apprehende pas qu'elle nous chasse d'ici, elle est à present incommodée, & si tu sçavois la cause de son indisposition, tu rirois trop ?

Agnés. Elle se portoit pourtant bien hier ?

Angelique. Assurement. Le mal ne luy est arrivé que cette nuit, & il faut que tu aye dormi d'un profond sommeil, pour ne t'être pas apperçûë, comme par ses cris elle a mis tout le Dortoir en allarme ; j'avois dessein de m'en divertir avec toy quand je t'ai été trouver ce matin, mais insensible-ment nôtre conversation nous en a éloignée.

Agnés. Il est vray que je n'ap-prens les nouvelles, que quand elles sont publiques.

An-

Angelique. Tu sçais que *Madame* fait un de ces principaux plaisirs, de nourir toutes sortes d'Animaux, & qu'elle ne se contente pas d'avoir une infinité d'oiseaux de toutes sortes de païs, qu'elle a encore rendu domestiques jusques à des Tortuës & des poissons. Comme elle ne se cache point de cette folie, & que tous ses amis sçavent qu'elle appelle cette occupation le charme de sa solitude, ils s'efforcent tous à contribuer à son divertissement en luy faisant present tantôt d'une bête, tantôt d'une autre. L'Abbé de Saint Valery ayant appris qu'elle avoit même rendu comme on luy avoit mandé des Carpes & des Brochets familiers. Il luy envoya il y a quatre jours deux Macreuses en vie, & deux grosses Ecrevisses de Mer, pareillement vivantes. Aprés avoir fait couper les aîles à ces demi-Canars, elle les fit jetter dans le Vivier, & voulut donner toute son application à élever les Ecrevisses. Pour cette raison elle fit apporter dans sa

F iij cham-

chambre une petite cuvette de bois
qu'elle fit remplir d'eau , & où elle
mit ces Langoustes , (c'est ainsi qu'on
appelle ces animaux.) J'aurois de la
peine à t'exprimer tous les soins
qu'elle apportoit pour leur conser-
vation , jusques à leur jetter des douceurs & des pistaches. Enfin elle ne
vouloit les nourir que des viandes les
plus delicates.

Agnés. Ces sortes de passe-temps
sont innocens, & sont excusables dans
la jeunesse.

Angelique. Hier au soir par un
malheur , Sœur Olinde, qui avoit ordre de changer tous les jours l'eau de
la Cuve pour le rafraîchissement des
poissons, s'en oublia ; c'est ce qui cau-
sa tout le desordre. Tu sçauras que la
nuit derniere ayant été fort chaude,
une de ces Langoustes qui se trouvoit
incommodée de la chaleur qu'elle
ressentoit, sortit de la Cuve ,& se traî-
na assez long-temps par la chambre,
jusques à ce que se voyant sans soulagement , elle rechercha l'eau qu'elle

avoit

avoit quittée comme fon plus naturel élement. Mais comme il luy avoit été bien plus facile de defcendre que de monter, elle fut obligée de recourir à l'eau du pot de chambre de *Madame*, où fans examiner fi elle étoit douceou falée, elle s'y pofta. Quelque temps aprés nôtre Abbeffe eut envie de piffer, & à demy endormie, & fans fortir du lit elle prit fon Urinal : mais helas, elle penfa mourir de frayeur, cette Ecreviffe qui fe fentit arrofée d'une pluye un peu trop chaude, fe lança vers le lieu d'où elle fembloit partir, & le ferra fi vivement avec une de fes pattes, qu'elle y a laiffé les marques pour plus de trois jours.

Agnés. Ah, ah, ah, que cette avanture eft plaifante !

Angelique. Dans le moment elle fit un cris qui éveilla toutes fes voifines, elle jetta le pot de chambre par terre, & fe levant promptement appella tout le monde à fon aide. Cependant cet animal qui n'avoit jamais

F iiij

trouvé

trouvé de morceau si delicat & plus friand, ne quittoit point sa prise. La Mere Assistante & Sœur Cornelie furent les plus promptes à se lever, elles eurent bien de la peine à s'empêcher de rire, à la veuë d'un tel spectacle; mais elles se retinrent neanmoins le mieux qu'elles pûrent, & furent obligées de couper la patte de cette bête sacrilege, qui n'abandonna point sa proye jusques à ce temps-là. La Mere Assistante se retira, & Sœur Cornelie qui est la confidente de Madame, passa le reste de la nuit avec elle pour la consoler. Voilà la cause de l'indisposition de nôtre Abbesse, & ce qui l'empêchera apparament de venir interrompre nos entretiens.

Agnés. Ah! je n'oserois paroître, si un semblable accident m'étoit arrivé & qu'il fut venu à la connoissance des autres.

Angelique. Vrayment il y a bien là dequoy être honteuse. Elle ne fit rien voir qu'elle n'ait souvent montré à d'autres, & les Chevaliers de l'ordre

l'ordre ont mis plufieurs fois la main,
ou l'Ecreviffe plaça fa pate.

Agnés. Qui eft celuy qui eft fon
meilleur amy?

Angelique. Je ne fçay pas quel il
eft, mais je fçay bien qu'un Jefuite
la vifite fort fouvent, & qu'il a eu
avec elle des privautez qui font connoitre qu'il eft des Cordons Bleus.
Je l'apperçûs un jour avec luy, dans
un entretien fort allumé, & une autrefois qu'elle fortoit d'avec le même perfonnage, je trouvay dans le
parloir qu'elle venoit de quitter, une
ferviette fine, humectée dans de certains endroits d'une liqueur un peu
vifqueufe, elle l'avoit laiffée tomber proche de la feneftre, je ne par-
lay point de ce rencontre, je remar-
quay feulement que cette perte luy
donna un peu d'inquietude.

Agnés. Qu'a t'elle à apprehender, l'Evêque de qui elle dépend
uniquement eft à fa difcretion, &
dans la vifite qu'il a faite de ce Mona-
ftere, il n'a rien ordonné que ce

F v

qu'elle

qu'elle luy avoit auparavant prescrit.

Angelique. Il est vray. Elle est maîtresse de tout, & les Directeurs & Confesseurs ne sont reçûs & changez que par son ordre.

Agnés. Ah que je souhaiterois de tout mon cœur que le Confesseur ordinaire que nous avons à present, luy déplût comme à moy. Qu'en dis-tu?

Angelique. Il est vray qu'il est fort austere, & qu'il est capable de faire bien de la peine à celles qui ne sçavent pas se conduire, mais à nous autres cela nous doit être bien indifferent, que ce soit luy ou un moins rigoureux qui nous entende.

Agnés. Pour moy je ne puis luy dire la moindre peccatille qu'il ne s'emporte. Pour une pensée dont je m'accuserai, il m'ordonnera des mortifications & des penitences horribles & me fera jeûner deux jours pour le moindre mouvement de la chair dont je me confesseray. Outre que je ne sçay la plûpart du temps dequoy l'entretenir, de crainte de luy dire quelque chose qui le choque. Et je ne puis concevoir comment tu fais, toy qui le tiens si long-temps?

Angelique. Eh crois-tu que je sois si sotte de luy declarer le secret de mon cœur? bien loin de cela, comme je le connois tout a fait rigide, je ne luy dis que les choses sur lesquelles il n'y a point de prise. Il ne peut conclure de tout ce qu'il apprend de moy sinon que je suis une fille d'oraison & de contemplation, qui ne connoit point tous les mouvemens d'une Nature corrompuë, ce qui fait qu'il n'ose pas même m'interroger sur cette matiere. La penitence la plus rude que j'ay reçûë, c'est cinq *Pater noster & les Litanies.*

Agnés. Mais encore que luy dis-tu donc? car pour avoir rompu le silence, ou raillé une personne de la Communauté (ce qui n'est rien) il me prônera un quart d'heure?

Angelique. Toutes ces fautes-là étant designées en particulier, avec leurs circonstances, de legeres elles
F vj devien-

deviennent quelquefois plus confide-
rables, & c'est ce qui te rend fujette à
fa reprehenfion. Mais tien, voicy
comme je m'y prens, écoute ma derniere confeffion. Aprés luy avoir de-
mandé bien humblement fa benedi-
ction, la veuë baiffée, les mains join-
tes, & le corps à demy courbé ; je
commence de la forte :

*Mon Pere, je fuis la plus grande pe-
cherelſe du monde, & la plus foible
des creatures, je tombe prefque toûjours dans les mêmes defauts.*

*Je m'accuſe d'avoir troublé la
tranquillité de mon ame, par des di-
vagations univerſelles, qui m'ont mis
l'interieur en defordre.*

*De n'avoir pas eu aſſez de recueil-
lement d'efprit, & de m'être trop
épanchée dans des occupations exterieures.*

*De m'être trop arrêtée aux opera-
tions de l'entendement, y paſſant la
plûpart de mon oraifon, au préjudice
de ma volonté, qui en eſt demeurée
feche & fterile.*

De

De m'être une autre fois laissée
d'abord lier aux affections, & expo-
sée par là à des distractions fâcheuses,
& à une oisiveté d'esprit, contraire à
la perfection methodique des Contem-
platifs.

D'avoir trop conservé en moy, tout
ce qui étoit de moy, sans dégager mon
cœur de toutes les choses créées, par
un acte genereux d'aneantissement,
d'amour propre, interêts, desirs, &
volontez, & de tout moy-même.

D'avoir fait une offrande de mon
cœur, sans l'avoir tranquillisé auparavant, & dénué du trouble des passions trop remuantes, & des affections
mal reglées.

De m'être trop laissée emporter
aux inclinations du vieil homme, &
au penchant de la nature non reparée,
au lieu de faire divorce avec tout, pour
gagner tout.

De n'avoir pas été soigneuse de
me renouveller par une reveuë de moy-
même, en moy-même, & de faire en
moy la reparation de ce qui étoit déchû
de moy, &c.   Eh

Eh bien Agnés tu peu juger de la piece par l'échantillon. Ce n'est pas là le tiers de ma Confession, mais le reste ne me rend pas plus criminelle que ce commencement.

Agnés. Il est vray que je serois bien empêchée, si je devois ordonner des penitences, à des pechez si spirituellement debitez : C'est neanmoins là, l'unique moyen de tromper la curiosité des jeunes Directeurs, & d'éviter la reprimande des vieux.

Angelique. Ces derniers sont ordinairement les moins traitables, car je n'en ay gueres vû de jeunes depuis que je suis dans la Communauté, qui n'ayent été assez indulgens.

Agnés. Il est vray, qu'ils n'ont pas tous les mêmes rigueurs, témoin celuy qui mit la devotion si avant dans l'ame de deux de nos Sœurs, qu'elles s'en trouverent fort incommodées neuf mois après ?

Angelique. Ah Dieu qu'il a fallu d'adresse pour cacher cela comme on a fait, & pour empêcher qu'il ne fut

sçû

ſçû du dehors. L'Evêque même n'en
a pas eu de connoiſſance, que lors
qu'on ne pouvoit plus en donner de
preuve. Cela me fait ſouvenir d'un
Jeſuite Italien qui confeſſant un jour
un jeune Gentilhomme François
qui avoit appris la langue du païs, fit
une Exclamation ſans y penſer, qui
fit paroître ſa foibleſſe. Le penitent
s'accuſoit, d'avoir paſſé la nuit avec
une fille des premieres maiſons de
Rome, & d'en avoir jouï ſelon ſes
deſirs. Le bon Pere regardant attentivement celuy qui luy parloit, qui
étoit beau garçon & tres-bien fait,
s'oublia du lieu qu'il occupoit & s'i-
maginant être dans une converſation
libre, tant il étoit tranſporté ; il de-
manda au jeune homme, ſi cette fille étoit belle, quel âge elle pouvoit
avoir, & combien il l'avoit fait avec
elle ? Le François ayant répondu
qu'il l'avoit trouvée d'une beauté
achevée, qu'elle n'avoit que dix-
huit ans, & qu'il l'avoit baiſée trois
fois. *Ah qual guſto Signor* : s'écria-
il

il pour lors affez hautement. C'eſt
à dire, ah que ce plaiſir étoit grand!

Agnés. Cette ſaillie n'étoit pas
mal plaiſante, & tres-capable d'exciter le cœur du penitent à la repen-
tance d'une telle ᵁte.

Angelique ᵁᵁ veux-tu? ce ſont
des hom ᵁᵁ ᵁomme les autres: &
j'ay ouï dire à un de mes amis qui
étoit dans ces ſortes d'emplois, que
ſouvent un Confeſſeur ne s'expoſe-
roit pas tant à l'incontinence en al-
lant au Bordel, comme en enten-
dant ce que les Devotes luy diſent à
l'oreille.

Agnés. Pour moy, je trouverois
ce me ſemble cette occupation aſſez
divertiſſante, pourvû qu'il me fut
permis, de faire le choix de mes pe-
nitens: je prendrois plaiſir à les entendre, & mon imagination ſeroit
vivement frappée, par le recit qu'ils
me feroient de leurs ſottiſes. Ce qui
ne pouroit être ſans une grande ſatisfaction de mon côté.

Angelique. Helas, mon Enfant! tu
ne

ne sçay ce que tu demande, si une Devote donne un peu de plaisir à un Confesseur par le recit ingenu de ses foiblesses, il y en a mille qui les fatiguent par leurs redites, qui les accablent par leurs scrupules, & qu'ils tireroient plus facilement d'un abîme, que de leurs doutes. Sœur Dosithée a été plus de trois ans à occuper presque toute seule par ses questions, le Directeur commun de la maison, il avoit beau luy representer que ces recherches curieuses par lesquelles elle gesnoit sa conscience, ne croyant jamais avoir apporté assez de soin pour s'examiner, étoient non seulement inutiles, mais même vicieuses & contraires à la perfection. Il ne pût rien gagner sur elle, & fut obligé de l'abandonner à elle-même, & de la laisser dans son erreur.

Agnés. Il me semble neanmoins qu'elle est à present fort raisonnable, & je me souviens qu'une fois que nous fûmes obligées de coucher toutes deux ensemble. Pendant qu'on
élevoit

élevoit nôtre Dortoir, elle me tint des discours, non seulement fort éloignez du scrupule, mais même que je trouvois en ce temps-là un peu trop libres. Outre mille badineries ausquelles elle m'excita par le recit de cent Histoires les plus lubriques, & les plus lascives du Monde.

Angelique. Je vois bien, que tu ne sçay pas comment elle étoit sortie des tenebres où la superstition l'avoit plongée si avant : son Confesseur n'a eû aucune part à sa delivrance. On peut dire que c'est la Devotion même qui a produit ce changement, & qui d'une fille extremement scrupuleuse, en a fait une Religieuse tout à fait raisonnable. Je veux te raconter ce que j'en ay appris par son rapport.

Agnés. Je ne conçois pas cela. Car de dire que la devotion puisse defaire une personne de ses scrupules, c'est dire, qu'un aveugle est capable d'en tirer un autre d'un precipice.

Ange-

Angelique. Ecoute moy seulement, & tu connoîtras que je ne t'a-
vance rien qui ne soit veritable. Sœur
Dosithée comme on peut remarquer
à ses yeux, est née d'une comple-
xion la plus tendre & la plus amoureuse du monde. Cette pauvre enfant à son entrée en Religion, tomba entre les mains d'un vieil Directeur ignorant au superlatif, & d'autant plus ennemy de nature que son
âge le rendoit inhabile à tous les plaisirs qu'elle propose. Reconnoissant
donc que le penchant de sa Penitente
étoit du côté de la chair, & que les
foiblesses dont elle s'accusoit tous
les jours en étoient une preuve assu-
rée. Il crût qu'il étoit de son devoir
de réformer cette nature qu'il appelloit corrompuë, & qu'il luy étoit
permis de s'ériger en second Repa-
rateur. Pour venir à bout de ce dessein, il jetta d'abord dans son ame
toutes les semences de scrupules, de
doutes, & de peines de conscience
qu'il se pût imaginer. Il le fit avec
d'au-

d'autant plus de succés, qu'il y trouva beaucoup de difposition, & que les confeſſions ingenuës qu'il avoit fouvent entenduës de cette innocente, luy avoient fait connoître l'extreme tendreſſe où elle étoit pour ce qui regardoit fon falut.

Il luy fit donc la peinture du chemin du Ciel avec des couleurs ſi rudes, qu'elles auroient été capables de rebuter de fa pourfuite une perfonne moins zelée & moins fervente qu'elle. Il ne luy parloit que de la deſtruction de ce corps qui s'oppofoit à la jouïſſance de l'efprit, & les penitences horribles dont il l'accabloit, étoient felon luy des moyens abfolument neceſſaires, fans lefquels il étoit impoſſible d'arriver dans cette celeſte Jerufalem.

Dofithée n'étant pas capable de fe défendre de ces argumens, fe laiſſa aveuglement conduire par la devotion indifcrette dont elle devint infatuée ; la fimple pratique des Commandemens de Dieu ne paſſa plus

chez

chez elle pour être de grand prix au-
près de luy ; il faloit que les œuvres
de surerogation l'accompagnassent,
& encore avec tout cet attirail, elle
étoit toûjours dans une crainte con-
tinuelle des peines de l'autre monde
dont elle étoit si souvent menacée.
Comme il est impossible ici bas de
détruire en nous ce qu'on appelle
concupiscence , elle n'étoit jamais
en paix avec soy-même, c'étoit une
guerre sans relâche qu'elle faisoit
imprudemment à son pauvre corps,&
les combats atroces qu'elle luy li-
vroit , étoient rarement suivis de
quelque courte tréve.

Agnés. Helas qu'elle étoit à plaindre , & qu'elle m'auroit fait de compassion, si je l'avois veuë dans cet égarement.

Angelique. Comme son naturel
amoureux causoit selon elle , ses plus
grands defauts ; elle ne negligeoit
rien de tout ce qui pouvoit éteindre
ses feux les plus innocens, les jeûnes,
les haires, & les cilices étoient mis en
usage,

usage, & le changement d'un Directeur plus raisonnable que le premier, ne pût apporter la moindre di-
minution à sa folie: elle fut quatre ans
entiers dans cet état, & y seroit toûjours restée sans un trait de devotion
qui l'en tira. Entre les conseils qu'elle avoit reçûs de son ancien Confesseur, elle en pratiquoit un avec une
regularité sans égale. C'étoit de recourir à un tableau de saint Alexis,
miroir de chasteté, qui étoit à son
Oratoire, & de s'y prosterner lors
qu'elle se verroit pressée de la tenta-
tion, ou qu'elle ressentiroit en elle-
même ces mouvemens dont elle s'accusoit si souvent. Un jour donc qu'elle se trouva plus émûë qu'à l'ordinaire, & que sa nature la combattoit
plus vivement que de coûtume, elle
eut recours à son Saint, elle luy re-
presenta les larmes aux yeux, la face
en terre, & le cœur porté vers le Ciel,
l'extreme danger où elle se trouvoit,
luy raconta avec une candeur & une
simplicité merveilleuse, combien inu-

tilement

tilement elle s'étoit défenduë, & avoit fait ses efforts pour reprimer les violens transports qu'elle ressentoit.

Elle accompagna sa priere de penitence & de discipline, qu'elle prit en presence de ce Bien-heureux pellerin. Mais comme on rapporte de luy qu'il ne fut aucunement touché de la beauté de sa femme la premiere nuit de ses nopces, qu'il abondonna; Le beau corps de cette innocente exposé nû devant luy, ne fit aucune impression sur son esprit, & les coups dont elle le chargoit si vivement ne le porterent aucunement à en avoircompassion. Aprés s'être ainsi déchirée elle se recommanda de nouveau à ce bon Romain, & se retira comme victorieuse pour aller vaquer avec tranquillité à des exercices moins fatigans.

Agnés. Ah Dieu! que la superstition fait de ravage dans une ame lors qu'elle s'en est emparée!

Angelique. A peine Dosithée futelle sortie de sa chambre, qu'elle se

sentit

sentit le corps tout en feu, & l'esprit porté à la recherche d'un plaisir qu'elle ne connoissoit point encore. Un chatoüillement extraordinaire anima tous ses sens, & son imagination se remplissant de mille idées lascives, laissa cette pauvre Religieuse à demi vaincuë. Dans ce pitoyable état elle retourne à son Intercesseur, elle redouble ses prieres, & le conjure par tout ce que la devotion peut avoir de plus sensible à luy accorder le don de continence, sa faveur n'en demeura pas là, elle prit encore les instrumens de penitence en main & s'en servit pendant un quart d'heure avec une ardeur la plus folle, & la plus indiscrette du monde.

Agnés. Eh bien cela la soulagea-t-il un peu?

Angelique. Helas bien loin de cela, elle se retira de son Oratoire encore plus transportée de l'amour qu'auparavant. Vêpres sonnerent, elle eut beaucoup de peine à y assister tout au long. Des étincelles de feu luy

luy fortoient des yeux & fans fçavoir
ce qu'elle fouffroit j'admirois fon in-
ftabilité , & comme elle étoit dans
un mouvement continuel.

Agnés. Mais d'où provenoit cela?

Angelique. Cela étoit caufé par
l'ardeur extreme qu'elle reffentoit
par tout le corps, & fur tout aux parties où elle s'étoit difciplinée. Car il
faut que tu fçache que bien loin que
ces fortes d'exercices euffent été ca-
pablesd'éteindre lesflames qui la con-
fumoient, au contraire ils les avoient
augmentées de plus en plus,&avoient
reduit cette pauvre Enfant dans un
état à ne pouvoir quafi plus y refifter.
Cela eft facile à concevoir, d'autant
que les coups de foüet qu'elle s'étoit
donnez fur le Derriere, ayant excité
la chaleur dans tout le voifinage , y
avoient porté les efprits les plus purs
& les plus fubtils du fang , qui pour
trouver une iffuë conforme à leur
nature toute de feu, aiguillonnoient
vivement les endroits ou ils étoient
affemblez, comme pour y faire quelque ouverture.   G   *Agnés.*

Agnés. Le combat dura-t-il long-temps?

Angelique. Il commença & fut terminé dans une journée, si-tôt que vêpres furent achevées comme si Dosithée n'avoit pas pû s'adresser directement à Dieu, elle s'en alla se prosterner, derechef devant son Oratoire elle prie, elle pleure, elle gemit, mais toûjours inutilement. Elle se sent plus pressée que jamais, & pour insulter de nouveau à cette nature opiniâtre elle prend le foüet en main & relevant ses jupes & sa chemise jusqu'au nombril, & l'attachant d'une ceinture, elle outrage avec violence ses fesses, & cette partie qui luy causoit tant de peine, qui étoient toutes à découvert. Cette rage ayant duré quelque temps les forces luy manquerent pour ce cruel exercice, elle n'en eut pas même assez pour détacher ses habits qui l'exposoient à demi nuë, elle s'appuya la tête sur sa couche, & faisant reflexion sur la condition des hommes qu'elle appelloit malheureuse, de ce qu'ils

étoient

étoient nez avec des mouvemens que
l'on condamnoit quoy qu'il fût prefque impoſſible de les reprimer. Elle
tomba en foibleſſe, mais ce fut une
foibleſſe Amoureuſe que la fureur de
la paſſion cauſa, & qui fit goûter à cette jeune Enfant un plaiſir qui la ravit
juſques au Ciel. Dans ce moment la
nature uniſſant toutes ſes forces, briſa
tous les obſtacles qui s'oppoſoient à
ſes ſaillies, & cette Virginité qui juſ-
que-là avoit été captive, ſe delivra ſans
aucun ſecours avec impetuoſité, en
laiſſant ſa gardienne étenduë par terre pour marque évidente de ſa dé-
faite.

Agnés. Ah Dieu j'aurois voulu
être là preſente !

Angelique. Helas quel plaiſir au-
rois-tu eu ? Tu aurois vû cette innocente à demi nuë pouſſer des ſoûpirs
dont elle ignoroit la cauſe ! Tu l'aurois vûë dans un extaſe les yeux à demi mourans, ſans force ni vigueur,
ſuccomber ſous les loix de la nature
toute pure, & perdre malgré ſes ſoins,

 ce

ce threfor dont la garde luy avoit donné tant de peine.

Agnés. He bien, c'eſt enquoy j'aurois pris du plaiſir, de la conſiderer ainſi toute nuë, & de remarquer curieuſement tous les tranſports, que l'Amour luy auroit cauſé au moment qu'elle fut vaincuë.

Angelique. Si-tôt que Doſithée fut revenuë de cette ſincope, ſon eſprit qui n'étoit auparavant enſeveli que dans d'épaiſſes tenebres, ſe trouva à l'inſtant développé de toute ſon obſcurité, ſes yeux furent ouverts, & reflechiſſant ſur ce qu'elle avoit fait, & ſur le peu de vertu de ſon ſaint qu'elle avoit tant invoqué, elle connut qu'elle avoit été dans l'erreur, & s'éleva ainſi de ſa propre force par une metamorphoſe ſurprenante, au deſſus de toutes les choſes qu'elle n'oſoit auparavant regarder,& n'eut plus que du mépris pour celles qui avoient fait ſon plus grand attachement.

Agnés. C'eſt à dire que de ſcrupuleuſe elle devint indevote, & qu'elle

le ne fit plus d'offrande à tous *les
Sanctarelles* qu'elle adoroit auparavant.

Angelique. Tu prens mal les choses. On peut se défaire de la superstition sans tomber dans l'impieté ; c'est ce que fit Dosithée ; elle apprit par son experience , que c'étoit au souverain Medecin qu'il falloit recourir dans ses foiblesses; que les tentations n'étoient pas dans la puissance des Fideles , & que dans l'ame la plus soûmise il s'élevoit souvent des pensées & des mouvemens involontaires , qui ne faisoient pas seulement le moindre defaut. Tu vois comme je ne t'ay rien dit que de veritable quand je t'ay assûrée que c'étoit la devotion qui l'avoit tirée de ses scrupules.

Il en arriva presque le même à une Religieuse Italienne , qui aprés s'être prosternée fort souvent devant la figure d'un enfant nouvellement né qu'elle appelloit son petit Jesus, & l'avoir conjuré plusieurs fois de luy accorder la même chose, par ces tendres paroles, qu'elle proferoit avec une affection extraordinaire. *Dolce Signore mio Gjesu, fate-mi la gratia &c.* voyant que toutes ses prieres étoient sans effet, elle crût que l'enfance de celuy qu'elle invoquoit, en étoit la cause, & qu'elle trouveroit mieux son compte en s'adressant à l'image du pere Eternel, qui le representoit dans un âge plus avancé, elle alla donc retrouver son petit Signor à qui elle reprocha son peu de vertu, luy protestant qu'elle ne s'amuseroit jamais à luy ny à aucun enfant de sa sorte, & le quitta ainsi en luy appliquant ces paroles du proverbe. *Chi S'impaccia con Fanciulli, con Fanciulli si ritrova.* Reflechis un peu jusques où va la superstition, & à quelle extremité de folie, l'ignorance nous conduit quelquefois.

Agnés. Il est vray que cet exemple en est une preuve sensible, & que la simplicité de cette Religieuse est sans egale. Les Italiennes ne passent

pas

pas neanmoins pour sottes, on dit qu'elles ont infiniment de l'esprit, & que peu de choses sont capables de les arrêter & d'échapper à leur penetration.

Angelique. Cela est vray communement parlant, mais il s'en trouve toûjours quelqu'unes qui ne sont pas si éclairées que les autres. Outre que ce n'est pas toûjours une marque de stupidité que d'avoir des scrupules & des doutes. Car il faut que tu sçache ma chere Agnés (qu'hors les choses de la Religion) il n'y a rien de certain ni d'assuré dans ce monde, il n'y a point departi qui ne puisse se soûtenir, & que nous n'avons pour l'ordinaire que des idées fausses & confuses des choses que nous croyons sçavoir plus parfaitement. La verité est encore inconnuë, & tous les soins & les artifices des hommes qui s'apliquent serieusement à sa recherche, n'ont pû encore nous la rendre sensible, quoy qu'ils ayent crû souvent l'avoir découverte.

G iiij

Agnés.

Agnés. Mais comment conduire donc nôtre esprit dans une ignorance si universelle?

Angelique. Il faut mon Enfant pour ne se point abuser, regarder les choses dés leur origine, les envisager dans leur simple nature, & en juger ensuite conformement à ce que nous y voyons. Il faut sur tout éviter de laisser prévenir sa raison & de la laisser obseder par les sentimens d'autruy qui ne peuvent être pour l'ordinaire que des opinions. Et il faut enfin se donner de garde de se laisser prendre par les yeux & par les oreilles, c'est a dire par mille choses exterieures dont on se sert souvent pour seduire nos sens, mais se conserver toûjours l'esprit libre & degagé des sottes pensées & de niaises maximes dont le vulgaire est infatué, qui comme une bête court indifferemment aprés tout ce qu'on luy presente, pourvû qu'il soit revêtu de quelque belle apparence.

Agnés. Je conçois bien tout cecy,

&

& je croy même qu'on peut pousser
encore ton raisonnement plus loin &
y comprendre bien des choses que tu
en exempte. Il faut avoûer qu'il y a
un extreme plaisir à t'entendre, quand
tu ne serois pas aussi belle & aussi
jeune comme tu és, ton esprit seul
te rendroit aimable. Donne-moy un
baiser ?

Angelique. De tout mon cœur
ma plus chere, je suis ravie de te plaire en quelque chose, & d'avoir trouvé en toy tant de disposition à recevoir les lumieres qui te manquoient.
Quand on a l'esprit développé des tenebres, & debarassé de toutes sortes
d'inquietude, il n'y a point de moment dans nôtre vie que nous ne goû-
tions quelques plaisirs, & que nous ne
puissions même des peines & des scrupules des autres, faire un sujet de recreation. Mais laissons-la toute cette
Morale, à la qu'elle je me suis insensiblement engagée. Baise-moy ma
mignonne je t'aime plus que ma vie.

Agnés. Eh bien est-tu contente ?

 tu

tu ne songe pas qu'on peut nous ap-
percevoir icy.

Angelique. Eh quel sujet avons-
nous de craindre, entrons dans ce Ber-
ceau nous n'y pourrons être veuës de
personne. Mais je ne suis pas encore
satisfaite, tes baisers n'ont rien que de
commun, donne-m'en un à la Florentine?

Agnés. Je croy que tu es folle?
est-ce que tout le monde ne baise pas
de la même maniere? Que veux-tu
dire par ton *baiser à la Florentine?*

Angelique. Approche-toy de moy
je vais te l'apprendre.

Agnés. Oh Dieu tu me mets toute en feu, ah que cette badinerie est
lascive, retire-toy donc, ah comme
tu me tiens embrassée, tu me de-
vore.

Angelique. Il faut bien que je me
paye des leçons que je te donne. Voilà de la façon que les personnes qui
s'aiment veritablement se baisent, en
lançant amoureusement la langue entre les levres de l'objet qu'on cherit,

pour

pour moy je trouve qu'il n'y a rien de
plus doux & de plus delicieux , quand
on s'en aquitte comme il faut, & jamais je ne le mets en ufage que je ne
fois ravie en extafe, & que je ne ref-
fente par tout mon corps, un chatoüillement extraordinaire , & un certain
je ne fçay quoy que je ne te puis exprimer , qu'en te difant que c'eft un
plaifir qui fe répand univerfellement
dans toutes les plus fecrettes parties
de moy-même , qui penetre le plus
profond de mon cœur , & que j'ay
droit de le nommer *Un abregé de la
fouveraine Volupté*. Eh toy tu ne dis
rien ! quel fentiment t'a-t-il caufé ?

Agnés. Ne te l'ay-je pas affez fait
connoître , quand je t'ay dit que tu
me mettois toute en feu , mais d'où
vient que tu appelle ces fortes de careffes *Un Baifer à la Florentine* ?

Angelique. C'eft parce qu'entre
les Italiennes, les Dames de Florence
paffent pour être les plus amoureufes,
& pour pratiquer ce Baifer de la maniere que tu l'as reçû de moy. Elles y
G vj trou-

trouvent un plaisir singulier, & disent qu'elles le font à l'imitation de la colombe qui est un oiseau innocent, & qu'elles y rencontrent je ne sçay quoy de lascif & de piquant, qu'elles n'éprouvent point & ne goûtent pas dans les autres. Je m'étonne comment l'Abbé & le Feüillant ne t'apprirent point cela pendant ma retraite ? car ils ont fait l'un & l'autre le voyage d'Italie, & apparemment s'y sont rendus sçavans dans toutes les pratiques les plus secrettes de l'Amour, qui sont particulieres à ceux du Païs.

Agnés. Vrayment j'avois bien l'esprit autre part qu'à ces simples badineries, lors qu'ils me vinrent voir, pour m'en souvenir à present. Je sçai bien qu'il n'y eut point de caresses ni de sottises dont leur fureur ne s'avisât; mais quoy, le plaisir que j'y prenois étoit si grand, & le ravissement que ces transports me causoient si excessif, qu'il ne me restoit pas assez de liberté de jugement pour y reflechir.

Angelique. Il est vray que les doux
mo-

momens où l'on goûte cette volupté nous occupent tellement , que nous ne sommes pas capables de nous diftraire par aucune application , de nôtre memoire , ni de faire un *Agenda* fur le champ , de tout ce qui fe paffe au dedans de nous-mêmes. Je ne doute pas neanmoins que l'Abbé ou le Feüillant n'ayent pouffé leur galanterie jufques-là ; car outre que tu as une bouche divine , ils font parfaitement inftruits de toutes les manieres les plus douces & les plus engageantes de ceux qui fçavent paffionnement aimer.

Agnés. Helas ! pour des perfonnes confacrées aux Autels , & dévoüées à la continence , ils n'en fçavent que trop.

Angelique. Vrayement tu fais bien icy la plaifante , & ceux qui ne te connoîtroient pas , croiroient que tu parlerois ferieufement. Mais veux-tu que je te dife ma penfée ? Je croy qu'ils n'en fçauroient trop fçavoir , mais qu'ils en pourroient moins pratiquer?

quer ? Car il est certain qu'ayant la direction des ames ils doivent avoir une parfaite connoissance tant du bien que du mal, pour en faire un juste discernement, & pour nous exhorter avec force à la poursuite & à l'amour de l'un, & nous prêcher avec un même zele la fuite & la haine de l'autre. Mais ils ne font rien moins que cela, & les mauvais livres dont ils puisent leur lumiere, corrompent aussi-tôt leur volonté qu'ils éclairent leur entendement.

Agnés. Je croy que tu abuse des termes, & que tu ne pense pas que parmy les Sçavans il n'y a point de livre, qui de sa nature porte le titre de défendu, & que le seul usage que nous en faisons lui donne la qualité de bon, de mauvais, ou d'indifferent.

Angelique. Ah Dieu, je croy que tu rêve de parler de la sorte, & tu dois convenir avec moy qu'il y a de certains livres dont toutes les parties ne valent rien, & dont les instructions font essentiellement opposées à la

bonne

bonne Morale, & à la pratique de la vertu. Que peux-tu dire de *l'Ecole des Filles*, & de cette infame *Philoſophie* qui n'a rien que de fade & d'inſipide, & dont les ſots raiſonnemens ne peuvent perſuader que les ames baſſes & vulgaires, ni toucher que celles qui ſont à demi corrompuës, ou qui d'elles-mêmes ſe laiſſent aller à toutes ſortes de foibleſſes?

Agnés. J'avouë que ce livre-là peut être mis au rang des choſes inutiles, & même de celles qui ſont défenduës, je voudrois pouvoir racheter le temps que j'ay employé à en faire la lecture, il n'a rien qui m'ait plû, & que je ne condamne. L'Abbé qui me le fit voir m'en donna un autre qui eſt preſque ſur la même matiere, mais qui la traite, & la manie avec bien plus d'adreſſe & de ſpiritualité.

Angelique. Je ſçay de quel livre tu veux parler, il ne vaut pas mieux pour les mœurs que le precedent, & quoy que la pureté de ſon ſtile, & ſon éloquence aiſée, ayent quelque choſe

d'agread'agreable, cela n'empêche pas qu'il ne soit infiniment dangereux. Puis que le feu & le brillant qui y éclatent en beaucoup d'endroits, ne peuvent servir qu'à faire couler avec plus de douceur le venin dont il est rempli, & l'insinuer insensiblement dans les cœurs qui sont un peu susceptibles : il a pour titre *l'Academie des Dames*, ou *les sept Entretiens Satiriques d'Aloïsia*, je l'ay eu plus de huit jours entre les mains, & celuy de qui je le reçûs m'en expliqua les traits les plus difficiles, & me donna une intelligence parfaite de tout ce qu'il y a de misterieux. Sur tout il m'en interpreta ces paroles qui sont dans le septiéme Entretien, *Amori, vera lux*, & me découvrit le sens Anagrammatique qu'elles cachent, sous la simple apparence de l'inscription d'une Medaille. Je croy que c'est de ce livre dont tu as eu dessein de me parler ?

Agnés. Asseurement. Ah Dieu qu'il est ingenieux à inventer de nouveaux plaisirs à une ame saoule & dégoûtee !

goûtée! de quelles pointes & de quels
aiguillons ne se sert-il pas pour réveil-
ler la Convoitise la plus endormie, la
plus languissante, & celle même qui
n'en peut plus ! que d'appetits extra-
vagans!que d'objets étrangers ! & que
de viandes inconnuës il presente!Mais
je vois bien que je n'y suis pas encore
si sçavante que toy.

Angelique. Helas, mon Enfant, la
science que tu ambitionne ne pourroit
que t'être préjudiciable ? Il faut que
les plaisirs que nous nous proposons
soient bornez par *les Loix*, par *la
Nature*, & par *la Prudence*, & toutes les maximes dont ce livre pourroit
t'instruire s'éloignent presque égale-
ment de ces trois choses. Croy moy,
toutes les extremitez sont dangereuses, & il est un certain milieu que
nous ne pouvons quitter, sans tomber dans le precipice. *Aimons*, il n'est
pas défendu, *cherchons la volupté*
tant qu'elle est legitime, mais évitons
ce qui ne peut être inspiré que par la
débauche, & ne nous laissons point

seduire

seduire par les persuasions d'une éloquence, qui ne nous flâte que pour nous perdre, & qui ne s'exprime bien que pour nous porter plus facilement au mal.

Agnés. Oh la belle Morale ! & que tu sçay bien dorer la pillule quand il te plaist ! ce n'est pas que je ne me rende à tes raisons, & que je ne blâme toutes les choses que tu condamne, mais je ne puis m'empêcher de rire, quand je te vois prêcher la Réforme avec tant de feu, & que je t'entens parler à des sourds & à des aveugles, tels que sont nos Sens, qui ne veulent recevoir de regles que celles qu'ils se proposent eux-mêmes.

Angelique. Il est vray, & je l'avoüe que c'est mal employer le temps, c'est à dire inutilement, que de travailler à reprimer le vice, & à élever la vertu, dans la corruption du siecle où nous sommes. La maladie est trop grande & la contagion trop universelle, pour y apporter du remede par de simples paroles, & pour qu'elle puisse être guerie

rie par un appareil qui ne peut agir que sur l'esprit. Ce n'est aucunement là mon dessein, mais j'ay seulement été bien-aise de te faire connoître, que que je n'approuve point le libertinage de ceux qui ne goûtent jamais de parfaits plaisirs si ils ne les vont chercher dans les leçonsd'une imagination corrompuë, au delà des bornes les plus inviolables de la nature, & jusques dans la licence la plus dissoluë des fables passées.

Je ne suis point ennemie des delices, ni attachée à cette vertu incommode dont nôtre siecle n'est pas capable, & je sçay que l'ame la plus noble ne peut être maîtresse de ses passions ni purgée des autres infirmitez humaines, tant qu'elle sera attachée à nôtre corps.

Agnés. Ah ce retour me plaît, & cette indulgence raisonnable peut être reçuë. Car quel mal peut-on trouver dans la volupté quand elle est bien reglée ? il faut bien de necessité donner quelque chose au temperament

du

du corps, & compatir à la foiblesse de
nos esprits, puis que nous les recevons
tels que la nature nous les baillent, &
qu'il ne dépend pas de nous d'en faire
le choix. Nous ne sommes pas res-
ponsables des fantaisies, du penchant,
& des inclinations qu'elle nous donne,
si se font des fautes, c'est elle qui en est
coupable, & qui en doit être blâmée.
Et on ne peut reprocher auxhommes,
les vices qui naissent avec eux, ou qui
ne procedent que de leur naissance.

Angelique. Tu as raison ma mignonne, & je ne puis t'exprimer la
joye que je ressens, lors que tes paroles me font voir le progrés que tu as
fait par mes instructions. Mais ne nous
fatigons pas davantage l'esprit par la
recherche des crimes d'autruy, sup-
portons ce que nous ne sçaurions réformer, & ne touchons point à des
maux qui découvriroient sans doute
l'impuissance de nos remedes. Vivons
pour nous mêmes, & sans nous faire
malades des infirmitez étrangeres,
établissons dans nôtre interieur cette

te paix & cette tranquillité spirituel-
le, qui est le principe de la joye &
le commencement du bonheur que
nous pouvons raisonnablement desirer.

Agnés. Pour moy je suis déja dans
cette paisible joüissance du repos, &
de la quietude d'esprit. Ou je puis dire, que je n'ay pû arriver que par ton
moyen. Ce sont des obligations que
je ne pourray jamais assez reconnoître
comme je le soûhaiterois, car il faut
que pour toutes ces peines que tu as
prises à me tirer de l'erreur où j'étois,
tu te contente de l'amitié que je t'ay
jurée, & qu'elle te tienne lieu de toute autre recompense.

Angelique. Helas mon enfant que
pourrois-tu m'offrir qui me plût davantage ? je prefere tes caresses à tous
les tresors du monde, un seul de tes
baisers me charme, & me comble de
biens. Mais voicy quelqu'un qui vient
se parons-nous afin de leur ôter le sou-
pçon qu'ils pourroient avoir de nos
entretiens. Baise moi ma chere enfant.

Agnés.

Agnés. Je le veux, & à la *Floren-tine*?

Angelique. Ah tu me ravis! tu me transporte! je n'en puis plus! tu me cause mille plaisirs.

Agnés. En voicy assez pour le present. Adieu Angelique. C'est sœur Cornelie qui s'approche?

Angelique. Je la vois. C'est sans doute pour me donner quelque ordre de la part de Madame. Adieu Agnés. Adieu mon Cœur, mes Delices, mon Amour.

F I N.

Fautes survenuës dans l'impression.

Chats, *lisez* Rats. page. 37
alluminer, *lisez* enluminer. p 39
les, *lisez* ses. p. 47
ce vœu, *lisez* ces vœux. p. 119
n'ût, *lisez* n'est. p. 120
plaça, *lisez* porta. p. 129
abondonna, *lisez* abandonna. p. 143
faveur, *lisez* ferveur. p. 144
narel, *lisez* naturel. p. 102